LES 100 LÉGENDES DE LA MYTHOLOGIE NORDIQUE

Patrick Guelpa

LES 100 LÉGENDES DE LA MYTHOLOGIE NORDIQUE

13e mille

Que sais-je?

À lire également en
Que sais-je ?
COLLECTION FONDÉE PAR PAUL ANGOULVENT

Pierre Bauduin, *Les Vikings*, n° 1188.
Frédéric Monneyron, Joël Thomas, *Mythes et littérature*, n° 3645.
Joël Schmidt, *Les 100 histoires de la mythologie grecque et romaine*, n° 4044.
Sonia Darthou, *Lexique des symboles de la mythologie grecque*, n° 4060.

ISBN 978-2-13-079291-8
ISSN 0768-0066

Dépôt légal – 1re édition : 2018 janvier
6e tirage : 2020, décembre

170 *bis*, boulevard du Montparnasse, 75014 Paris

Avant-propos

En Europe, après la mythologie grecque, c'est la mythologie nordique, popularisée à la fin du XIXe siècle par Richard Wagner, qui occupe la deuxième place en volume.

Les sources qui nous narrent ces histoires fantastiques de dieux, de héros, d'hommes et de femmes (« mythe », *mûthos* en grec ancien, signifie « fable ») sont essentiellement littéraires. Les textes principaux où elles sont mises par écrit sont les *Eddas* islandaises, l'Islande étant en effet le conservatoire des antiquités nordiques.

Edda peut signifier « aïeule », « grand-mère », ou encore rappeler le latin *edo* : « je compose », comme *kredda* correspond au latin *credo.*

L'*Edda poétique* est un recueil anonyme de chants mythologiques et héroïques qu'on date entre le VIIIe et le XIIIe siècle. Ils ont été composés en langue islandaise ancienne (norrois).

L'*Edda en prose*, ou *Edda* de Snorri, est un manuel de poétique en prose islandaise ancienne très complet, rédigé aux alentours de 1220 par Snorri Sturluson (1179-1241), chrétien, homme politique, historien, poète et conteur. Présentée de façon organisée, elle est destinée aux jeunes poètes qui, après deux siècles de christianisation (la conversion pacifique à la foi chrétienne s'est effectuée sans effusion de sang en l'an mil par un vote du parlement) ne connaissaient plus très bien les croyances de leurs ancêtres. Or la poésie exigeait une connaissance approfondie des mythes païens et, outre que l'art de la versification était très élaboré et la syntaxe, éclatée, elle fonctionnait grâce à des allusions (synonymes convenus pour désigner les dieux ou des objets de la vie courante, les *heiti*) et de savantes métaphores (les *kenningar*) qui restaient incompréhensibles à qui ignorait le savoir ancestral. L'ouvrage répondait donc à une sorte de demande sociale. Face à l'hypercritique du début du XXe siècle (Eugen Mogk), le grand historien français des religions Georges Dumézil (1898-1986) affirmait que Snorri n'avait pas christianisé outre mesure les mythes reçus de la tradition nordique.

La principale partie de l'*Edda* de Snorri s'intitule *Gylfaginning* (« Fascination de Gylfi »), dans laquelle Gylfi, roi de Suède imaginaire, pose des questions aux dieux. Sous la forme de questions et de réponses, ce dialogue nous instruit sur l'origine des dieux, des hommes, des géants, et prédit la fin du monde. Telle est bien la fonction du mythe : livrer une explication du monde qui soit acceptée par une société donnée.

Snorri, qui a reçu une éducation soignée et beaucoup voyagé, a fait appel à sa famille, à ses connaissances et à toutes les personnes dignes de foi qui pouvaient le renseigner sur ce que croyaient les anciens.

Ajoutons, pour faire court, que l'islandais est un peu le latin encore vivant de toutes les langues germaniques actuelles (allemand, anglais, néerlandais, danois, suédois, norvégien, féroïen).

Ce petit volume, qui se borne à présenter quelques-uns des principaux mythes nordiques, aura atteint son but si, l'ayant parcouru, le lecteur ressent l'envie d'aller plus loin.

Pour les mots islandais, je garde les accents sur les voyelles, mais je translittère les deux lettres suivantes :

- *ð* (minuscule) et *Ð* (majuscule), qui notent le son de la graphie anglaise *th* dans *father*, que je translittère respectivement par *dh* et *DH* ;
- *þ* (minuscule) et *Þ* (majuscule), qui notent le son du *th* anglais dans *thank you*, que je translittère respectivement par *th* et *TH*.

Par exemple, Ásgarður / ÁSGARÐUR devient Ásgardhur / ÁSGARDHUR, et Alþing, Þór / ALÞING, ÞÓR devient Althing, Thór / ALTHING, THÓR.

Pour les citations de poèmes, les numéros qui suivent les titres sont ceux des strophes, et pour les écrits en prose, ils renvoient aux chapitres.

✳

9

Chiffre hautement symbolique

Dans la mythologie nordique, le chiffre 9 se rencontre très souvent.

De l'anneau d'or Draupnir (« dégouttant »), que possède Ódhinn, s'égouttent, toutes les neuf nuits, huit anneaux de même poids que lui. Cet anneau est le symbole de sa puissance. D'où le titre du célèbre roman de Tolkien, *Le Seigneur des anneaux* (1954-1955).

Ódhinn, dans son autosacrifice qui lui permettra d'acquérir la science des runes, reste pendu neuf nuits.

Il existe neuf mondes : (1) Midhgardhur, « demeure du milieu », ou Mannheimur, « monde des hommes » ; (2) Ásgardhur, « demeure des Ases », c'est-à-dire des dieux ; (3) Vanabyggdh, « demeure des dieux Vanes », autrement dit Vanaheimur, « monde des Vanes », qu'habitent les dieux Njördhur, Freyja et Freyr ; (4) Útgardhur, « demeure extérieure », autrement appelé Jötunheimur, « monde des géants », situé à l'est ; (5) Álfheimur, « monde des alfes », lié à Freyr ; (6) Dvergheimur, « monde des nains », qui vivent dans les pierres et les rochers ; (7) Niflheimur, « monde du brouillard », lieu de séjour des morts auprès de la déesse Hel ; (8) Náströnd, « rivage des cadavres », où se trouvent les assassins, les parjures et les criminels après la mort, au domaine de Hel ; (9) Valhöll, ou « halle des guerriers morts au combat », paradis des hommes morts sur le champ de bataille, chez le dieu suprême, Ódhinn.

Ódhinn précipite Hel dans le Niflheimur et lui donne pouvoir sur neuf mondes afin qu'elle loge ceux qui lui seront envoyés (les morts de maladie ou de vieillesse).

Hermódhur chevauche neuf nuits pour tenter de faire revenir Baldur du domaine de Hel.

Menglödh a neuf jeunes filles autour d'elle.

Heimdallur fut engendré par neuf sœurs. Il a donc neuf mères : les neufs vagues que sont les filles d'Ægir, l'Océan.

Skadhi et Njördhur demeurent alternativement neuf nuits à Thrymheimur et neuf nuits à Nóatún.

Courtisée par le dieu Freyr, la géante Gerdhur accepte finalement de le rencontrer au bout de neuf jours dans un bosquet.

Gróa, mère de Svipdagur, énonce à son fils neuf formules magiques censées le protéger et lui procurer la chance.

Thór parvient à tuer le serpent de Midhgardhur, mais, asphyxié par le souffle méphitique du monstre, il fait encore neuf pas et s'écroule, mort.

On pourrait trouver bien d'autres exemples. Le chiffre 9 (3 × 3) est considéré comme magique.

ALBERICH

L'amour ou le pouvoir ?

Dans la tétralogie de Richard Wagner intitulée *L'Anneau du Nibelung*, Alberich est l'ambitieux et tyrannique roi des nains. Il appartient à la famille des Nibelungen. Le mot *Nibelung* (singulier) convoie l'idée de « brume », de « brouillard ». Les Nibelungen sont un peuple de nains très doués et très riches qui vivent dans les entrailles de la terre (mines, montagnes), où ils fabriquent des objets précieux (épées, casques, anneaux, etc.).

Alberich n'a rien pour plaire, mais il convoite l'amour de l'une des Filles du Rhin. Après les avoir poursuivies en vain, il est soudain attiré par l'or qui brille d'un éclat étincelant au fond du fleuve. Et les ondines lui révèlent que la richesse du monde appartiendra à celui qui transformera cet or en un anneau magique, lequel lui conférera un pouvoir illimité. Mais pour être capable de forger cet anneau, il faut satisfaire à une condition : renoncer à l'amour et au plaisir qui lui est attaché. Chez Alberich, la cupidité l'emporte sur la concupiscence, et il finit par maudire l'amour pour emporter l'or, au grand dam des Filles du Rhin.

À Nibelheim (« monde du brouillard »), Alberich a réduit le peuple des nains en esclavage, et il oblige maintenant Mime, son frère forgeron, à créer un heaume magique avec lequel il se rend invisible.

Après avoir été capturé par les dieux et dépossédé de son or, il profère une terrible malédiction : l'anneau apportera à quiconque le possédera la mort et à qui ne le possédera pas l'envie de le posséder. Cette malédiction de l'or, qui prend immédiatement effet, enclenche tout le processus dramatique qui conduira à la fin de la tétralogie, *Le Crépuscule des dieux*. Tout au long de l'œuvre, Alberich n'aura eu de cesse qu'il n'ait lutté pour récupérer l'anneau, incitant par exemple, et avec succès, son fils Hagen à éliminer Siegfried.

Dans la *Chanson des Nibelungen*, composée vers 1200 en Allemagne, Alberich est le nain qui équivaut à Andvari dans l'*Edda*.

ALFES

De singuliers protecteurs

Les alfes (vieux norrois *álfar*, au singulier *álfur*) sont, non pas les « elfes » (petits lutins, résultat de la christianisation ultérieure), mais des divinités de la fécondité-fertilité réputées vivre dans les rochers. On leur offrait des sacrifices à la mi-octobre, au même moment que pour les dises : les dises (*dísir*) sont des déesses tutélaires attachées à un clan, une famille ou un individu. Elles jouent un rôle prémonitoire, car elles annoncent son destin au héros qu'elles visitent en rêve.

Dans son *Edda*, Snorri distingue les alfes clairs et les alfes noirs. Ce sont les morts qui favorisent la fertilité-fécondité.

Les alfes ont survécu dans le folklore moderne sous la forme des « gens cachés » (*huldufólk*) qui habitent les rochers et qu'il ne faut surtout pas déranger lors du tracé des routes en Islande, encore aujourd'hui. Certes, tous les Islandais sont loin de croire à ces légendes. Cependant, de nos jours, les autorités politiques, toutes tendances confondues, font volontiers appel aux « spécialistes des alfes » pour dialoguer et pour aplanir les difficultés qui peuvent se présenter quand des « gens cachés » sont réputés habiter dans les parages. Des négociations on ne peut plus sérieuses s'engagent, après lesquelles le déménagement pacifique de ces « êtres invisibles » a lieu conformément à l'accord conclu. Tout le monde y trouve son compte !

Ces croyances anciennes trouvent actuellement un écho dans la littérature moderne, même policière : dans son roman *L'Énigme de Flatey* (Seuil, 2013), Viktor Arnar Ingólfsson met en scène un personnage qui croit aux alfes.

ALVÍSS ET LE DIEU THÓR

Une joute d'érudition

La fille de Thór, Thrúdhur, a été promise au nain Alvíss (dont le nom signifie « Tout-Savant »). Ce dernier se présente donc chez Thór pour célébrer son mariage. Thór fixe comme condition à cette union qu'Alvíss réponde à ses questions. En vingt-six strophes de l'*Edda* alternent les questions de Thór au sujet des termes servant à désigner la terre, le ciel, la lune, le soleil, les nuages, le vent, le calme, le feu, la mer, la forêt, la nuit, les céréales et la bière, et les réponses d'Alvíss, qui détaille les variantes chez les Ases (la première famille de dieux), les Vanes (la seconde), les nains, les géants et les alfes. À la fin, le nain, qui n'a pas vu l'aube pointer, est pétrifié par la lumière du jour, car les nains ne supportent pas la lumière du soleil ! Ici, contrairement à son habitude, Thór n'a pas fait usage de sa force physique : c'est par la ruse qu'il est parvenu à se débarrasser de ce fâcheux prétendant.

AMOUR ET HAINE

Une femme crie vengeance

Gudhrún s'embarque sur la mer avec le désir d'y mourir, mais elle accoste au pays du roi Jónakur, qui la prend pour épouse et dont elle a trois fils : Sörli, Erpur et Hamdhir. Avec eux, elle élève Svanhildur, fille de son bien-aimé Sigurdhur, traîtreusement assassiné depuis des années.

Svanhildur est donnée en mariage au très puissant roi Jörmunrekur (Ermanaric). C'est Randvér, fils de Jörmunrekur, qui est chargé de ramener la belle Svanhildur à son père. Mais le perfide Bikki rapporte faussement à Jörmunrekur que Randvér l'aurait trompé avec Svanhildur. Le roi le croit et fait exécuter les deux jeunes gens sur-le-champ : Randvér est pendu, et Svanhildur meurt piétinée par des chevaux.

Lorsque Gudhrún apprend ces abominables forfaits, elle exhorte ses fils à venger leur sœur Svanhildur. Mais Hamdhir prédit sa fin prochaine et celle de ses frères. C'est alors que Gudhrún sort immédiatement en se lamentant sur son sort et sur ce qui lui est le plus pénible : la perte de son très cher époux, Sigurdhur (« Exhortation de Gudhrún »).

*

ANGANTÝR ET HLÖDHUR

Un conflit est-ouest ?

Quand le mythe se fait l'écho d'une très ancienne confrontation armée qui a eu lieu entre la fin du IVe et le début du Ve siècle après J.-C. opposant les Huns venus des steppes de l'Asie aux Goths, ces Germains du Nord originaires du sud de la Suède venus s'établir entre la mer Baltique et la mer Noire, l'histoire se personnalise. Il n'est plus tant question de peuples entiers mais de leurs chefs : deux demi-frères dont le père, Heidhrekur, vient de mourir, se rencontrent. Hlödhur a pour mère une femme hunnique de l'entourage du roi Humli, chez lequel il a été élevé dans l'Est de l'Europe. Son frère Angantýr, élevé chez leur père commun, est évidemment sur place et a hérité du patrimoine insécable, l'alleu, la terre allodiale dont il ne veut absolument pas se séparer. Hlödhur, quant à lui, averti un peu plus tard de la mort de leur père, arrive finalement sur place pour revendiquer sa part d'héritage.

C'est le sujet du *Chant de Hlödhur*. Angantýr a reçu l'épée ancestrale nommée Týrfingur transmise de génération en génération. Sûr de son bon droit, Hlödhur présente ses exigences avec aplomb et une certaine insolence. En fait, il réclame le partage du pouvoir et la moitié de tout ce que Heidhrekur a possédé. Angantýr ne veut pas aller aussi loin et essaie de se montrer magnanime. Toutefois, il reste implacable sur la terre des ancêtres. Angantýr l'Occidental, considérant Hlödhur comme un bâtard, un fils de serve, lui refuse tout net le partage. On en vient aux insultes.

C'en est trop pour Hlödhur, qui regagne la cour du roi Humli à qui il signale que la situation est bloquée. Furieux, Humli ordonne de préparer la guerre. Dans leur marche vers l'ouest, les Huns, conduits par Hlödhur, trouvent devant eux le château de Hervör, sœur d'Angantýr. Malgré leur courage, les défenseurs succombent sous le nombre, et Hervör elle-même périt.

Fou de douleur en apprenant la nouvelle, Angantýr marche avec une troupe peu nombreuse contre l'armée des Huns. Au nom d'Ódhinn, ils maudissent l'armée adverse. On décoche une lance sur la troupe de Hlödhur, acte rituel d'Ódhinn pour consacrer ceux qui sont censés mourir. La bataille s'engage alors. Après une lutte acharnée, les Goths finissent par triompher, et Angantýr tue Hlödhur. Privés de leur chef, les Huns s'enfuient. Sur le champ de bataille déserté, Angantýr examine les cadavres et découvre celui de son demi-frère. Il déplore sa lutte fratricide et considère comme une malédiction d'avoir supprimé Hlödhur. « Dure est la sentence des Nornes », les divinités filandières du Destin.

ANNEAU

Le symbole des symboles

Selon certaines sources (la *Chronique anglo-saxonne*, certains poèmes de l'*Edda* ou de scaldes, ces poètes islandais du Moyen Âge), les Germains du Nord prêtaient serment sur un anneau.

Sous le règne de Fródhi, roi légendaire du Danemark, règne caractérisé par une paix durable, les récoltes étant nombreuses et abondantes, la sécurité tant intérieure qu'extérieure étant excellente, personne n'a jamais dérobé l'anneau d'or qui se trouvait exposé sur la lande de Jelling. Cette « paix de Fródhi » équivaut donc à un âge d'or.

Pour les Germains du Nord, le roi était responsable de la paix et de la bonne année (synonyme de bonnes récoltes). Fródhi est d'ailleurs cité dans les poèmes anglo-saxons (vieil-anglais) *Beowulf* (VIIIe siècle) et *Widsith* (VIe-VIIe siècles).

ANNEAU CHEZ WAGNER

La volonté de puissance

Chez Wagner (1813-1883), dans la tétralogie de *L'Anneau du Nibelung* (*Der Ring des Nibelungen*), Wotan (Ódhinn) mise sur Siegfried, le héros qui ne connaît pas la peur, pour que Brünnhilde, qui doit sauver le monde de la malédiction s'attachant à l'or, restitue leur anneau aux Filles du Rhin.

Après avoir franchi une muraille de flammes et connu le bonheur de l'amour avec Brünnhilde, Siegfried aspire à de nouveaux exploits. Le géant Fafner, qui a tué son frère Fasolt afin de jouir seul du trésor d'Alberich (l'or, le heaume magique et surtout l'anneau), s'est transformé en un dragon, que Siegfried parvient à tuer à son tour.

Intervient ensuite le subterfuge imaginé par Gunther, qui désire conquérir Brünnhilde et faire en sorte que Siegfried épouse sa sœur Gutrune. Il verse à cette fin un philtre d'oubli que Siegfried boit sans se douter de rien. Siegfried oublie donc Brünnhilde et conquiert Gutrune. Mais les deux femmes s'aperçoivent très vite de la supercherie, et Brünnhilde, profondément blessée, décide par dépit de faire mourir Siegfried en révélant à Hagen, fils d'Alberich, le seul endroit vulnérable du corps de Siegfried. En effet, grâce au sang du dragon dans lequel il s'est baigné après l'avoir tué, sa peau est devenue dure comme de la corne, sauf entre ses omoplates, où s'est déposée une feuille de tilleul. Siegfried n'est donc vulnérable qu'à cet endroit, comme Achille, chez les Grecs, ne l'était qu'au talon.

Sur l'avis de Hagen, on organise une joyeuse partie de chasse. Les Filles du Rhin saluent dans la joie la lumière du soleil lorsqu'elles aperçoivent le héros censé leur rendre l'anneau. Le son du cor annonce sa venue. Par leurs flatteries, les jeunes filles cherchent à lui ravir l'anneau, mais Siegfried ne semble pas disposé à se laisser faire. Déplorant son avarice, elles replongent dans les flots. Or, au moment où elles reviennent à la surface, voici que Siegfried se montre subitement enclin à leur faire cadeau de l'or. Elles lui révèlent que lui aussi est menacé de mort prochaine à cause de la malédiction qui pèse sur l'anneau. Siegfried éclate de rire et reste sourd à tous leurs avertissements.

Entretemps, Gunther et Hagen sont arrivés avec leur suite de chasseurs. On s'étend pour se reposer. Hagen fait parler Siegfried de sa jeunesse. Celui-ci conte alors ses aventures avec le forgeron Mime et le dragon Fafner. Après que Hagen a assaisonné le vin d'un antidote, Siegfried se souvient de Brünnhilde et de son union avec elle. Il tourne un instant le dos à Hagen, qui en profite pour le transpercer de sa lance à l'endroit vulnérable marqué par une croix. Mortellement blessé, Siegfried se lève pour écraser l'ignoble traître, mais les forces lui manquent et il s'effondre. Hagen s'éloigne. Brünnhilde adresse un dernier salut à Siegfried.

Sur ordre de Gunther, son cadavre est élevé sur le pavois par les vassaux, et emporté au son d'une marche funèbre qui s'enfle jusqu'à devenir un hymne triomphal à la gloire du héros.

Tourmentée par de mauvais rêves, Gutrune cherche des yeux son époux qui n'est pas rentré. Hagen s'approche avec le butin de sa chasse. Gutrune accuse son frère du meurtre de Siegfried. Gunther se retourne vers Hagen qui, d'un air de défi, avoue son méfait et exige l'anneau de Siegfried. Gunther déclare que l'anneau lui revient à lui. Hagen l'abat et s'approche du cadavre de Siegfried pour tenter de s'emparer de l'anneau. La main du défunt s'élève, menaçante. C'est alors que Brünnhilde pénètre dans la salle. Parvenue à la connaissance grâce à ses souffrances, elle est prête à sauver le monde sur lequel pèse la malédiction de l'anneau et ordonne d'édifier un bûcher afin d'y placer le cadavre de son bien-aimé Siegfried. Après lui avoir pris l'anneau, elle allume de ses propres mains la pile de bois, puis s'élance, montée sur Grane, le cheval de Siegfried, dans les flammes qui s'élèvent. De la cendre, les Filles du Rhin retirent l'anneau et, lorsque Hagen se précipite sur elles en leur criant de se défaire de l'anneau, il est happé par les flots. À l'arrière-plan, le Walhall(a) (*valhöll* en islandais) s'embrase en un gigantesque incendie. C'est donc finalement grâce à l'amour et au sacrifice de Brünnhilde que les dieux et le monde sont sauvés.

On voit comment le génie de Wagner a su élaborer une remarquable synthèse des légendes germaniques et du christianisme, notamment par le truchement de la rédemption par l'amour.

⁂

ANNEAU DANS LA *CHANSON DES NIBELUNGEN*

La guerre des femmes

L'anneau se trouve au centre du drame des *Nibelungenlied* (la *Chanson des Nibelungen*), épopée allemande anonyme du XIIIe siècle. L'abondante matière traitée dans les légendes des Nibelungen (ici, les détenteurs du trésor et de l'or du Rhin, ce sont d'abord les nains, puis les Burgondes, représentés surtout par Gunther et Hagen) est développée dans quatre cycles :

(1) les enfances de Siegfried (en islandais : Sigurdhur) ;
(2) la mort de Siegfried ;
(3) la fin des Burgondes ;
(4) la fin d'Etzel.

La forme norroise *Atli* devenant en allemand *Etzel,* ces noms correspondent au français *Attila.* Les cycles 2 et 3 constituent les deux parties principales du *Nibelungenlied.*

L'anneau de Brünhild deviendra la propriété de Kriemhild, et sera la cause de la violente dispute qui opposera les deux reines. Siegfried tombe amoureux de Kriemhild, sœur de Gunther. Or celui-ci ne consentira à lui donner la main de sa sœur que s'il l'aide à conquérir la redoutable reine d'Islande, Brünhild, vierge guerrière. Cette dernière impose à tous ses prétendants de la vaincre au cours d'épreuves difficiles qui, en cas d'échec, coûtent la vie au malheureux candidat. Grâce à sa cape magique qui le rend invisible, Siegfried assiste Gunther et l'aide ainsi à triompher de Brünhild. Celle-ci est donc conduite à Worms, sur le Rhin, où elle devient la femme de Gunther, tandis que Siegfried devient l'époux de Kriemhild.

Ayant découvert la supercherie, Brünhild exigera réparation, et Hagen s'en fera l'instrument en assassinant Siegfried. La mort de Siegfried désespère Kriemhild et la plonge dans une immense affliction. Brünhild, repartie chez elle, disparaît de l'histoire. Dès lors, Kriemhild ne songe plus qu'à venger son cher époux ; ce sera l'objet de la seconde partie du poème.

Elle épouse Etzel afin de pouvoir attirer les Burgondes et ses frères dans un piège mortel dans lequel tous seront anéantis. « À cause d'elle, beaucoup de héros durent perdre la vie. » Et « ils périrent plus tard d'une mort lamentable à cause de la haine que se portaient deux nobles dames », dit le poète (I, 2 et 6).

ANNEAU DANS L'*EDDA*

L'or du Rhin

Dans l'*Edda*, l'anneau magique appartient à un nain du nom d'Andvari qui s'en fait déposséder par les dieux. Dans les *Dits de Reginn* (*Reginsmál*), trois dieux, Ódhinn, Loki et Hoenir, arrivent à une cascade.

C'est près de cette cascade que Loki tue une loutre qui était en train de dévorer un poisson. Mais cette loutre (en islandais : *otur*) est en réalité un fils du magicien Hreidhmar nommé Otur, qui appartient à la famille des géants ; Otur s'était métamorphosé en loutre pour aller à la pêche. Ignorant tout cela, les dieux passent ensuite la nuit chez le roi Hreidhmar. Lorsque celui-ci apprend ce qui vient de se passer, il retient prisonniers les trois dieux avec l'aide de ses autres fils et réclame compensation pour Otur. En rançon, ils doivent verser autant d'or que peut en contenir la peau de la loutre.

Loki se rend alors à la cascade, capture le nain Andvari qui s'était métamorphosé en brochet et exige de lui l'anneau magique et le fabuleux trésor qu'il possède caché dans un rocher sous l'eau. Mais le nain veut garder pour lui l'anneau qui lui permettrait de reconstituer son trésor. De force, Loki le lui arrache.

C'est alors que le nain profère à l'encontre de l'anneau une terrible malédiction : il apportera la mort à quiconque le possède. Loki a entendu et en informera celui qui en prendra possession. De retour chez Hreidhmar, il remet le tout à Ódhinn. Or, le trésor ne suffit pas à recouvrir entièrement d'or la peau de la loutre : un poil de la barbe n'est pas recouvert. Hreidhmar exige alors l'anneau. Ódhinn est contraint de le lui céder.

La malédiction opère : Reginn et Fáfnir, les deux fils de Hreidhmar qui réclament en vain le trésor, tuent leur père pendant son sommeil. Forfait inexpiable selon l'éthique nordique ancienne, qui repose sur le caractère sacré de la lignée. Le meurtre de parents proches, par surcroît pendant leur sommeil, représente une faute très grave au point qu'elle en devient héréditaire. C'est une sorte de péché originel du monde germanique ancien.

Puis Fáfnir se métamorphose en effroyable dragon et se couche sur son or afin d'être seul à en jouir. Reginn, son frère, raconte tout cela à Sigurdhur, le héros qui ignore la peur et qui tuera le dragon, mais périra lui aussi.

Voilà pourquoi, chez les scaldes, l'or est appelé « rançon de la loutre », « rançon imposée aux Ases » ou encore « métal des discordes ». Dans de nombreuses *kenningar* scaldiques (sortes de savantes métaphores à plusieurs termes que les scaldes, les poètes d'abord norvégiens, puis exclusivement islandais, utilisent pour crypter leurs œuvres qu'ils déclament ensuite à la cour des souverains scandinaves), l'or est dit « feu du Rhin », « tison du Rhin », « feu de la mer », etc.

Par ailleurs, Ódhinn a parmi ses attributs un anneau d'or, Draupnir, symbole de sa puissance.

ASES

Des dieux, des rois, des magiciens et des combattants

L'étymologie du mot convoie l'idée de poutre (on adorait des figures de dieux sculptées sur bois) ou d'énergie vitale. C'est la principale famille de divinités nordiques. Ils représentent la souveraineté et la force. Il s'agit de : Ódhinn, dieu suprême ; Frigg, son épouse ; Thór, leur fils, le dieu au marteau ; Baldur, leur fils également, aimé de tous ; Týr, ancien dieu du ciel ; Bragi le poète et Idhunn, sa femme, gardienne des pommes de jouvence des dieux ; Heimdallur, le dieu veilleur sur le pont de l'arc-en-ciel ; Ullur, le dieu sportif ; Vídharr et Váli, des combattants ; enfin Loki, le mystificateur qui, tour à tour, enchante et hérisse les dieux.

Il existe actuellement en Islande (mais aussi dans les autres pays scandinaves, en Amérique, au Canada, etc.) une « religion des Ases » (*Ásatrú*) reconnue par les pouvoirs publics et qui rassemble environ trois mille fidèles.

ASKUR ET EMBLA

Premier homme et première femme

À partir de deux troncs d'arbres, les dieux créent Askur et Embla, le premier couple humain (*Völuspá*, 17-18 ; *Gylfaginning*, 9).

Ici, il n'est pas superflu de mentionner l'étymologie de Villeneuve-d'Ascq : Ascq correspond au vieil-islandais *askr* : « frêne » (en allemand moderne : *Esche*). L'arbre du monde étant un frêne, on ne saurait s'étonner que dans les armoiries de cette ville nouvelle de la banlieue de Lille figure une feuille de… frêne !

ATLI

Le « Barbare »

Contrairement à la *Chanson des Nibelungen*, l'épopée allemande qui fait d'Etzel (germanisation d'Attila, roi des Huns) un modèle de souverain accueillant, juste et pacifique, le *Chant d'Atli* (*Atlakvidha*), extrait de l'*Edda* poétique, le présente sous un jour entièrement négatif qui nous est familier en France : il y est montré fourbe, cupide et cruel.

Ayant épousé Gudhrún, la sœur de Gunnar, il invite ce dernier à sa cour dans l'intention de s'emparer de son trésor, l'or des Niflungar (Nibelungen). Gudhrún remet au messager chargé de porter l'invitation un anneau autour duquel elle a, pour avertir son frère, entortillé un poil de loup, signe d'hostilité. Le messager transmet l'invitation. L'avertissement de la sœur est compris. Contre l'avis défavorable de Högni, Gunnar se rend tout de même chez son beau-frère. Högni l'accompagne au pays d'Atli, où Gudhrún les reçoit avec force lamentations.

Immédiatement, les deux héros s'aperçoivent qu'ils sont tombés dans un piège. Le combat est inégal et ils sont vite maîtrisés, non sans que Högni abatte auparavant un grand nombre d'ennemis. À Gunnar attaché, on demande où se trouve le trésor des Niflungar. Il déclare qu'il doit d'abord tenir dans sa main le cœur de Högni. On lui apporte donc un cœur sur un plateau, mais Gunnar ne reconnaît pas celui de Högni : c'est celui, tout tremblant, du couard Hjalli. Le cœur de Högni, lui, ne tremblerait pas ainsi ! On s'en prend donc à Högni, lequel rit quand on lui arrache le cœur. Sur le plateau posé devant Gunnar, ce cœur-là ne tremble pas.

On comprend que l'or a été immergé dans le Rhin à un endroit que seuls Högni et Gunnar connaissent. Atli met alors à mort Gunnar : jeté dans une fosse à serpents, il joue de la harpe et meurt.

Après cet épisode, Gudhrún reçoit son époux (Atli) avec un breuvage et une salutation équivoque ; il se met à table, mais lorsqu'il a fini de manger, elle lui révèle qu'elle lui a servi les cœurs de leurs fils Erpur et Eitill. Atli est trop ivre pour songer à se venger, et Gudhrún apaise la suite d'Atli en distribuant de l'or à pleines mains. Lorsque tous dorment, elle met le feu au palais et périt elle aussi dans les flammes.

Gunnar et Högni sont les modèles du Professeur, héros du roman *Le Livre du roi* (Arnaldur Indridason).

AUDHUMLA

La vache originelle

De la fonte des glaces naît Audhumla, la vache primitive. De ses pis coulent quatre fleuves de lait qui nourrissent le géant Hymir. Elle met trois jours pour libérer Buri, l'ancêtre des dieux, en léchant la glace salée.

Audhumla signifie « vache sans cornes et riche en lait ». On connaît des vaches sans cornes (Tacite, *Germania*, 5). Chez les Germains, le char processionnel de la déesse Nerthus était tiré par des vaches.

AURVANDILL

Thór et ses maux de tête

Si Thór parvient à vaincre le géant Hrungnir, il sort blessé de son combat, et c'est à la voyante Gróa qu'échoit la délicate mission de retirer l'éclat de pierre à aiguiser qui s'est logé dans le crâne du dieu au marteau. Celui-ci lui raconte l'histoire d'Aurvandill, son mari. Voulant franchir à gué les rivières Élivágar, Thór transporte Aurvandill sur son dos, dans un panier. L'un des doigts de pied d'Aurvandill dépasse du panier et gèle. Thór le casse et le lance dans le ciel. Le doigt de pied d'Aurvandill devient alors une étoile. Gróa en éprouve une grande joie et oublie ses incantations, nécessaires pour opérer la guérison du dieu. Voilà pourquoi le morceau de pierre à aiguiser est toujours dans la tête de Thór.

*

AUTOSACRIFICE D'ÓDHINN

Comment acquérir la science des runes

Ódhinn est prêt à tout pour connaître les secrets des runes. Les « Dits du Très-Haut », poème de l'*Edda*, décrivent la façon dont il s'y est pris : comme la consécration à Ódhinn, autrement appelé Hangagudh (« dieu des pendus »), Hangatýr (même sens), Hangi (« pendu »), se faisait essentiellement par pendaison, Ódhinn, pour acquérir la connaissance des runes, s'est sacrifié à lui-même en restant pendu neuf nuits !

L'arbre auquel il est resté pendu n'est autre qu'Yggdrasill, le coursier du Redoutable. Yggur (« le Redoutable ») est un *heiti*, c'est-à-dire un synonyme poétique pour Ódhinn, autrement dit la potence. C'est pourquoi Ódhinn est aussi appelé *gálga valdur* (« maître de la potence »).

*

BALDUR

Un dieu bon

Ce dieu nous est essentiellement connu par sa mort, ses funérailles et la chevauchée de Hermódhur jusqu'à Hel (les dieux des Germains ne sont ni immortels ni éternels !). Sa mort nous est rapportée par Snorri (*Gylfaginning*, 49).

Baldur fait des rêves qui lui laissent présager sa mort prochaine. Frigg, sa mère, épouse d'Ódhinn, et tous les dieux avec elle décident de le protéger. En outre, Frigg fait prêter serment aux êtres vivants, et même aux pierres, de ne faire aucun mal à son fils. Tous promettent effectivement de ne pas lui nuire. Baldur est donc invulnérable.

Or, Loki jalouse Baldur. Déguisé en femme, il interroge habilement Frigg, qui lui révèle imprudemment qu'elle n'a pas fait jurer le gui, dont la ramure est trop frêle. Un jour, les dieux s'amusent à décocher toutes sortes de projectiles sur Baldur. Aucun ne le blesse. Baldur se jouant de tous ces objets qu'on lui lance, le divertissement n'en est que plus apprécié.

Seul Hödhur, son frère, ne prend pas part au jeu, car il est aveugle. Loki lui glisse alors dans la main une branche de gui qu'il a préalablement taillée en forme de flèche et l'incite à tirer sur Baldur en prenant soin de lui indiquer la direction. Hödhur se prête au jeu. Contre toute attente, Baldur est transpercé et tué ! C'est la consternation chez les Ases. Ódhinn sait que c'est là le plus grand malheur pour les hommes et pour les dieux, parce que tous l'aimaient.

*

BALDURS DRAUMAR

Quand Baldur rêve, Ódhinn s'éveille

Les *Baldurs draumar* (« Rêves de Baldur ») racontent les rêves prémonitoires que fait Baldur pressentant sa mort prochaine.

Les dieux se réunissant, Ódhinn décide de se rendre à Niflheimur, où il ressuscite une voyante morte. Sous le pseudonyme de Vegtamur (« familier des chemins »), il interroge la voyante, laquelle lui révèle le destin de Baldur, le nom de son meurtrier et le nom de celui qui le vengera. Grâce à une question dont il est seul à connaître la réponse, la voyante le reconnaît et le renvoie chez les Ases. Elle n'est pas voyante pour rien !

BEOWULF

Gloire posthume

Beowulf est un poème anonyme en anglo-saxon (vieil-anglais, langue germanique ancienne) du VIIIe siècle dont l'action se déroule au Danemark. Il présente d'étonnantes similitudes avec la *Saga de Grettir le Fort.*

Nous sommes dans l'île de Sjælland au pays des Goths, qui n'ont pas encore pris pied sur le continent. Beowulf, héros germanique, fait partie de ce peuple, mais habite dans la partie méridionale de la Suède (Scanie).

Une nuit, le monstre marin Grendel se glisse à l'intérieur de la cour du roi de Danemark Hrothgar et dévore l'un de ses guerriers. Après un combat acharné, Beowulf réussit à capturer le monstre, qui perdra un bras lors de son évasion. Mortellement blessé, il parvient cependant à se traîner jusqu'à un lac où il succombe finalement à ses blessures. Profondément impressionné par la bravoure de Beowulf, le roi le comble de cadeaux. Mais c'était sans compter avec la mère de Grendel, qui se révèle encore plus terrible que son fils. Elle dévore un autre guerrier avant de se réfugier dans le même lac.

N'écoutant que son courage, Beowulf plonge à son tour. Dès lors s'engage une lutte féroce au cours de laquelle il perd son épée. Au fond de l'eau, il découvre une arme magique qui lui permet de venir à bout du monstre. Après avoir sauvé le royaume, Beowulf regagne sa patrie où règne son père. Survient alors un dragon qui attaque le pays. Avec une douzaine d'hommes, Beowulf affronte la bête, mais tous ses compagnons l'abandonnent. Il reste seul. Il réussit cependant à terrasser le dragon, mais meurt de ses blessures.

Avant de mourir, il ordonne qu'on édifie son bûcher funéraire et son mémorial. Le dragon possédait un trésor qui sera ensuite enfoui dans le tumulus du héros. Victime, mais vainqueur, Beowulf sera gratifié de funérailles qui exaltent sa gloire et celle du roi.

BERSERKIR

Les redoutables guerriers-fauves

Les guerriers consacrés à Ódhinn se distinguent au combat par leur « fureur » (Ódhinn signifie « fureur »). Appelés *berserkur* (pluriel : *berserkir*, « guerriers-fauves », littéralement « chemises d'ours ») ou bien *úlfhedhnar* (« peaux de loups »), sans doute parce qu'ils se vêtaient de leurs peaux, ils hurlent de façon atroce et mordent sauvagement leurs boucliers pour devenir invulnérables. Le signe extérieur de la consécration à Ódhinn consiste dans le fait de ne pas se couper les cheveux.

BILLINGUR

Un séducteur qui en est pour ses frais

Les *Dits du Très-Haut* (strophes 96-102) font état de ce géant dont Ódhinn veut séduire la fille, qu'il a aperçue dans les roseaux. Elle est très jolie. La concupiscence en éveil, le dieu se réjouit des belles paroles que lui adresse cette accorte vierge. Rendez-vous est donc pris pour le soir même.

La nuit venue, quand Ódhinn approche, il aperçoit des flambeaux et des hommes en armes. Il se dit qu'il est tombé dans un traquenard et rebrousse chemin. Il revient cependant au petit matin, au moment où tous sont endormis. Et au lieu de la jeune fille, le dieu ne trouve qu'une chienne attachée au pied du lit !

BRAGI

Dieu des poètes

Bragi est fils d'Ódhinn et époux d'Idhunn. Le mot *bragi* correspond au sanskrit *brahman*, qui signifie « hymne d'offrande ». Bragi fait partie des dieux Ases et est renommé pour sa sagesse et son éloquence. Le mot *bragur*, qui est apparenté à son nom, signifie « parangon » mais aussi « poésie ». Bragi est, après Ódhinn, le dieu des poètes. Dans son cas, il s'agirait d'une divinisation progressive du poète norvégien Bragi inn gamli Boddason (Bragi l'Ancien, fils de Boddi), qui a vécu au IXe siècle.

Idhunn (« toujours jeune »), femme de Bragi, conserve dans son coffre les pommes de jouvence indispensables aux dieux. Le rapt d'Idhunn par le géant Thjazi mettra en grand péril le monde des dieux et des hommes.

Dans la poésie scaldique, les *Hákonarmál* (« Dits de Hákon »), composés en 961 par le scalde norvégien Eyvindr Finnsson skáldaspillir (il a vécu d'environ 915 à 990 ; son surnom signifie « pille scalde » en raison des « emprunts » qu'il aurait faits à d'autres scaldes), décrivent l'arrivée du roi de Norvège Hákon le Bon, qui a régné de 933 à 961, à la *valhöll* (« halle des guerriers morts au combat », chez Ódhinn, paradis des guerriers), salué et accueilli par les héros Hermódhur et Bragi (lequel a été également divinisé dans l'*Edda poétique* et l'*Edda en prose* de Snorri). Les *Eiríksmál* (« Dits d'Eiríkr »), poésie anonyme rédigée après 954, élégie sur la mort d'Eiríkr Blódhöx (« Eiríkur à la hache de sang », ainsi dénommé parce qu'il aurait assassiné ses frères pour parvenir au pouvoir), décrivent l'entrée de celui-ci à la *valhöll* et associent également Hermódhur à Bragi. Ils reçoivent donc tous deux les guerriers tombés les armes à la main.

BRYNHILDUR

La Femme

Sigebert Ier, roi des Francs, épousa Brunehilde ou Brunehaut, la fille du roi wisigoth Athanagild. Il aurait entrepris des campagnes victorieuses contre les Avars, les Danois et les Saxons ; il est censé avoir découvert un fabuleux trésor caché.

Après son assassinat, un conflit inexpiable éclate entre Brunehaut et sa rivale Frédégonde, qui ne recule devant aucun crime (c'est la fameuse « querelle des deux reines »). En 612, Brunehaut semble rétablir l'unité du Regnum Francorum (royaume des Francs), mais la mort prématurée de Thierry II (Dietrich), son petit-fils, remet tout en question. La noblesse la livre à Clotaire II, lequel la fait mourir attachée nue à la queue d'un cheval. Quant à Chilpéric, l'époux de Frédégonde, il est assassiné lors d'une chasse à Chelles (à une vingtaine de kilomètres à l'est de Paris).

Naturellement, ces données historiques sont déformées et remaniées, et deviennent légende, puis très vite élaboration littéraire. C'est sur ce fondement que s'édifie l'*Ancien Chant de Sigurdhur*, appelé aussi *Fragment du chant de Sigurdhur*, dont nous ne possédons que la moitié.

Le personnage principal n'y est pas Sigurdhur (Sigurd, ou Siegfried), mais Brynhildur.

La littérature retravaille les données de l'histoire et de la légende : dans le Nord, nous avons plusieurs chants de l'*Edda* qui nous parlent de Brynhildur (contrairement à une erreur fort répandue, en islandais moderne, la graphie *u* note le son palatal arrondi et fermé du français *eu* dans *feu*. Notons encore qu'on doit rouler les *r*).

CAPTURE DE LOKI

Saumon fumé

Loki a été l'instigateur du meurtre de Baldur. Les dieux sont furieux, et Loki estime plus prudent de s'enfuir dans la montagne. Pendant la journée, il prend la forme d'un saumon et se tient sous la cascade de Franangur. Dans sa maison sur la terre ferme, il invente un filet en lin qu'il confectionne avec soin. Lorsqu'il aperçoit les dieux qui le recherchent, il jette son filet au feu et plonge dans l'eau. Kvasir, le plus savant de tous les dieux, entre dans la maison et comprend ce qui se passe grâce à la cendre blanche que produit le filet en se consumant. Cette invention du filet de pêche fait de lui ce qu'il est convenu d'appeler « un héros civilisateur ». Les dieux Ases confectionnent donc un filet sur le même modèle et le jettent dans la rivière sous la cascade. Mais Loki leur échappe. Alors les Ases s'organisent mieux, et c'est Thór qui parvient à le saisir. Mais comme le corps du poisson est visqueux, Thór le serre au niveau de la queue, ce qui fait que désormais le corps du saumon est mince à l'arrière.

✱

CHASSE SAUVAGE

Terreurs ancestrales

Ódhinn est le dieu des morts. Parmi les anciennes croyances germaniques, on trouve celle du cavalier fantôme qui passe dans le ciel lors d'une tempête en chevauchant son coursier gris à la tête d'une armée d'esprits, pendant les douze nuits qui suivent Noël. C'est la Chasse sauvage, la Horde sauvage ou encore l'armée de Wotan (en français, la Mesnie Hellequin ; en allemand, *die Wilde Jagd* ; en anglais, *the Wild Hunt*).

Ódhinn chevauche à travers les nuées en compagnie de ses filles, les valkyries. C'est l'origine du personnage d'Erlkönig (en fait Elfenkönig, « roi des elfes ») du fameux poème de Goethe intitulé *Erlkönig* (*Le Roi des aulnes*).

Ce phénomène de la Chasse sauvage remonte probablement à des processions organisées par des associations cultuelles de guerriers consacrés à Ódhinn et dont font partie les *berserkir*, les guerriers-fauves.

Le « chasseur sauvage » est une très ancienne manifestation d'Ódhinn. Quand il passe à travers le pays à cheval avec son armée constituée de morts pendant les tempêtes nocturnes de l'hiver entre la Noël et le Nouvel An, le vent mugit, les arbres craquent sous la violence des éléments, les loups hurlent et la nature est en furie. Malheur à quiconque se trouve sur le passage de la Chasse sauvage : on le retrouvera mort le lendemain. Cette croyance a alimenté les terreurs ancestrales parmi les Germains.

CHÂTIMENT DE LOKI

Juste peine ?

Après s'être saisis de Loki, les dieux capturent ses fils, Váli et Narfi. Ils métamorphosent Váli en loup, lequel déchire son frère. Les Ases prennent alors les boyaux de Narfi et s'en servent comme de liens pour attacher Loki sur trois grandes pierres. Magiquement, les liens deviennent des liens de fer.

Pour venger son père Thjazi, Skadhi fixe au-dessus de Loki un serpent venimeux dont le venin dégoutte sur le visage de ce dernier. Sigyn, la femme de Loki, maintient une coupe au-dessus de la tête de son mari pour le préserver, mais quand la coupe est pleine et qu'elle a besoin d'être vidée, le venin tombe sur le visage de Loki, qui se tord de douleur, agité de soubresauts gigantesques : c'est l'origine des tremblements de terre ! Loki demeurera ainsi enchaîné et soumis à ce supplice jusqu'aux *ragnarök,* « destinées des puissances », autrement dit : la fin du monde.

CHÊNE

L'arbre qui attire la foudre

Dès l'Antiquité, le chêne jouissait d'une popularité peu commune chez de nombreux peuples. Il symbolisait la force, car une chênaie fournissait aux hommes tout ce dont ils avaient besoin pour vivre : la nourriture pour les êtres humains et les animaux domestiques, ainsi que le bois de chauffage et de construction. En raison de sa longévité, le chêne était considéré comme l'arbre de Zeus chez les Grecs, dieu de la foudre. Le mot « dryades », ces nymphes sylvestres, vient du grec *drûs* : « chêne ». Dans de nombreuses langues indo-européennes, le mot pour « porte » est apparenté au gaélique *duir*, qui désigne le chêne, les portes étant de préférence fabriquées dans ce bois. Voyez l'anglais *door*, l'allemand *Tür*, le néerlandais *deur*, le russe *дверь*, le lithuanien *durys*. Chez les Germains du Sud et de l'Ouest, Donar (mot de même étymologie et qui signifie « tonnerre ») est le dieu de l'orage, l'équivalent de Thór chez les Germains du Nord. Chez les Celtes, on sait que le chêne porteur du gui était vénéré de manière particulière.

Chez les Germains, certaines chênaies étaient sacrées. Quiconque abattait un chêne sans autorisation était puni de mort. Or, en 723, l'apôtre des Germains, Winfried (Bonifatius, saint Boniface), abattit le fameux grand chêne consacré à Donar, près de Geismar, en Hesse, sans subir de dommages ni être inquiété. Le christianisme allait donc se répandre très rapidement en Germanie païenne.

CHEVAUCHÉE DE BRYNHILDUR AU DOMAINE DE HEL

Regrets posthumes

Brynhildur, qui vient de mourir, est en route vers l'autre monde où elle s'apprête à rejoindre Sigurdhur. Auparavant, elle a été envoûtée par Ódhinn pour lui avoir désobéi. Elle doit dormir au sommet d'une colline derrière une muraille de flammes jusqu'à ce que Sigurdhur vienne la réveiller.

Brynhildur fut brûlée sur un bûcher. On raconte qu'elle s'en alla à Hel dans son char et qu'elle passa près d'une géante qui lui fit des reproches. Elle se défendit et tenta de se justifier : « Nous n'aurions jamais dû, Sigurdhur et moi, cesser de vivre ensemble ! »

CHEVAUCHÉE DE HERMÓDHUR JUSQU'AU DOMAINE DE HEL

Les raisons d'un échec

La chevauchée de Hermódhur au séjour de Hel fait suite aux funérailles de Baldur. À la demande de Frigg, Hermódhur, frère de Baldur, se déclare prêt à enfourcher Sleipnir, le coursier d'Ódhinn, afin de se rendre au plus vite à la demeure de Hel, qu'il compte convaincre de libérer le dieu qu'elle retient chez elle.

Lorsqu'il présente sa requête à Hel, celle-ci accepte à une condition : que tous les vivants et les morts pleurent Baldur. Ce dernier raccompagne alors Hermódhur à la sortie de la salle et lui remet un souvenir pour Ódhinn : l'anneau Draupnir. Nanna lui confie aussi un anneau d'or et d'autres présents destinés à Frigg, ainsi que du lin, pour Fulla, petite déesse de l'abondance. Le lin, comme le poireau, passait pour avoir des vertus curatives, antiseptiques et conservatrices.

Hermódhur s'en retourne à Ásgardhur, et les Ases dépêchent des messagers afin que le monde entier pleure Baldur. C'est ce qui se produit, à l'exception d'une géante, Thökk (« Remerciement »), qui refuse et déclare verser « des larmes sèches ». Cette géante est en fait l'un des avatars de Loki. Baldur restera donc chez Hel jusqu'aux *ragnarök* (la fin du monde) !

✷

CODEX REGIUS

Le Livre du roi

Le *Codex Regius*, c'est-à-dire le « manuscrit du roi », a été rédigé au début du XIVe siècle. Il contient les poèmes mythologiques et héroïques de l'*Edda*. Il était conservé depuis le XVIIe siècle à la bibliothèque royale du roi de Danemark, d'où son nom. Il est désormais consultable à l'Institut Árni-Magnússon de Reykjavík.

Il est au centre du roman d'Arnaldur Indridason intitulé *Le Livre du roi* (2013), sorte de *Blacke et Mortimer* et d'hymne à la gloire et à l'amour du livre et des livres qui met en scène un vieux professeur bourru, très savant et dynamique, et un jeune étudiant islandais très savant lui aussi, mais timoré et pantouflard. Tous deux se lancent à travers plusieurs pays d'Europe à la recherche du *Codex Regius* convoité par de très dangereux nazis. Une aventure passionnante avec des personnages attachants. Esprit grincheux, s'abstenir !

✷

COLLIER DES BRÍSINGAR

Vol fatal

Loki a volé le collier appelé Brísingamen, appartenant à Freyja. Dans le *Sörla tháttur* (*Dit de Sörli*, fin du XIVe siècle), Loki le vole pour le compte d'Ódhinn. Heimdallur et Loki se battent pour sa possession, tous deux ayant pris la forme d'un phoque pour parvenir à leurs fins. Chez Snorri, Heimdallur est appelé le « pourvoyeur du collier de Freyja ».

Quatre nains ont forgé le Brísingamen, et Freyja, pour l'acquérir, dut passer une nuit avec chacun d'eux. Lorsque Loki apprit cela à Ódhinn, ce dernier obligea Loki à lui procurer le collier en question. Loki ne put pénétrer dans la chambre de Freyja que sous la forme d'une mouche. Mais comme Freyja était couchée sur le collier, Loki fut obligé de la piquer afin de la faire bouger et de lui subtiliser le collier. Lorsque Freyja réclama son bien à Ódhinn, celui-ci exigea qu'elle provoquât une guerre éternelle entre deux rois, tâche qu'elle mena à bien. C'est le mythe des *Hjadhningavíg* (« meurtres des guerriers de Hédhinn »), combat perpétuel jusqu'aux *ragnarök* du roi Hédhinn affrontant le roi Högni dont il a enlevé la fille, Hildur (qui signifie « combat » !).

CORBEAU

Loyal serviteur des dieux et des hommes

Le corbeau est la personnification des dons de connaissance et de savoir d'Ódhinn. Deux corbeaux sont perchés sur ses épaules et lui disent à l'oreille tous les événements qu'ils voient ou entendent. L'un s'appelle Huginn (« la Pensée ») et l'autre Muninn (« la Mémoire »). À l'aube, il les envoie parcourir le monde entier et à leur retour, il s'enquiert de toutes les nouvelles qu'ils ont à lui annoncer. C'est pour cette raison qu'il est appelé le « dieu aux corbeaux » et qu'il est omniscient.

En outre, le corbeau est au service de la vie : lors de la navigation, il indique le bon chemin. C'est ainsi que l'un des découvreurs de l'Islande, Flóki Vilgerdharson, se serait servi de trois corbeaux censés lui avoir indiqué sa route. En mer, il lâcha le premier, qui revint se poser sur l'étrave. Le second vola droit en l'air, puis revint au bateau. Le troisième vola tout droit au-devant de la proue dans la direction où ils découvrirent le pays. (Une histoire semblable se trouve dans le livre de la Genèse, VIII, 6-7.)

L'image du corbeau n'est pas sans ambivalence : dispensateur de vie, bienfaiteur des hommes, il est aussi présage de mort, car c'est un charognard. Cette ambivalence est également la caractéristique d'Óðhinn, qui prodigue tantôt la victoire, tantôt la mort.

On retrouve le corbeau dans l'ancien nom de la ville de Lyon, Lugdunum, qui signifie « colline de Lug ». Chez les Celtes, Lug (« le Guerrier ») est le dieu de la guerre et de la victoire. Il protège les arts, tout comme Óðhinn, chez les Nordiques, et est à la fois le dieu de la victoire et de la poésie. Le mot dérivé de son nom, *lugos*, dans la langue des Gaulois, est utilisé pour désigner le corbeau, oiseau oraculaire.

Les gonfanons des Vikings arboraient d'ailleurs l'image d'un corbeau qui déployait et faisait battre ses ailes afin d'obtenir d'Óðhinn la victoire.

*

COSMOGONIE

Au commencement était le *ginnungagap*

Alors que ni la terre ni le ciel n'existaient (*Völuspá*, 3), il y avait l'abîme primitif, le vide originel, le *ginnungagap* (littéralement : « le vide béant »). Il faut ajouter à ce nom l'idée de forces magiques, envoûtantes.

Au nord se trouve le monde du froid, Niflheimur (« monde du brouillard »), au sud le monde de la chaleur et du feu, Múspellsheimur (« monde de Múspell »). Sous l'effet de la chaleur de ce dernier, la glace de Niflheimur se met à fondre, provoquant la naissance d'Hymir, le géant hermaphrodite primitif. Tous les géants descendent d'Hymir : son bras gauche engendre un couple de géants tandis que l'un de ses pieds engendre un fils avec l'autre pied (*Gylfaginning*, 5). De là viendraient les géants des frimas, êtres redoutables et dépositaires d'un savoir immémorial. Les dieux en sont issus.

De la fonte des glaces naît également Audhumla, la vache originelle. En léchant la glace, elle délivre Búri (« le Géniteur »), l'ancêtre des dieux. Son fils est Borr (« l'Engendré, le Fils », du vieux norrois *bera* : « porter, procréer », *búri* désignant l'agent, *borr*, le résultat ; en allemand *gebären, geboren*, en anglais *to bear*, *born*). De son union avec Borr, Bestla (« écorce »), fille d'un géant, engendre une triade de dieux : [V]Ódhinn (Ódhinn équivaut à Odin, Wotan en allemand, terme apparenté à *Wut* : « fureur »), Vili (« volonté ») et Vé (« sanctuaire »).

Ces trois dieux tuent Hymir et créent le monde à partir de sa dépouille : la terre de sa chair, la mer de son sang, les montagnes de ses os, le ciel de son crâne, de ses poils les arbres, de son cerveau les nuages, de ses sourcils Midhgardhur (« demeure du milieu » : le monde des hommes et des dieux).

Toute la race des géants, quant à elle, périt dans les flots, sauf Bergelmir (« la Montagne qui tonne »), fils d'Aurgelmir, et sa femme qui s'échappent sur une pirogue ou un radeau. Chez les scaldes (les anciens poètes scandinaves, essentiellement des Islandais), « le sang d'Hymir » est une *kenning* (périphrase poétique) pour la mer ; « le crâne d'Hymir » en est une autre pour le ciel.

COSMOLOGIE

L'organisation du monde

Le monde des dieux s'appelle Ásgardhur (« demeure des Ases », « Ases » étant le terme générique pour « dieux »). Le monde habité par les hommes s'appelle Midhgardhur (« demeure du milieu »). Il est entouré d'une mer primitive dans laquelle vit le serpent de Midhgardhur, qui se love autour des terres. Entre Midhgardhur et Ásgardhur, entre la terre et le ciel, se trouve un pont, Bifröst (« chemin qui tremble »), qui est l'arc-en-ciel. Au nord et sous Midhgardhur se trouve le royaume des morts : Hel. À l'est, séparé de Midhgardhur par des rivières se trouve Jötunheimur, « le monde des géants ».

Dans le ciel, les dieux ont fait construire par un géant leur château Ásgardhur. Tout comme les autres demeures des dieux, la *valhöll* (« halle des guerriers morts au combat »), qui appartient à Ódhinn, est située dans Ásgardhur.

Au centre de l'édifice mythologique : l'Arbre du Monde, le frêne cosmique Yggdrasill (« coursier du Redoutable », c'est-à-dire Ódhinn), dont les racines s'étendent au-delà du monde habité. Yggdrasill a son correspondant chez les Saxons, qui vénéraient l'énorme colonne appelée Irminsúl.

Yggdrasill a trois racines. La première est située chez les Ases, dans le monde des hommes, et sous elle se trouve la source d'Urdhur. C'est là que siègent les dieux quand ils rendent la justice. Les dieux y parviennent en traversant le pont Bifröst (« chemin qui tremble » : l'arc-en-ciel).

La deuxième va chez les géants des frimas, là où était autrefois le *ginnungagap* (« gouffre béant »), l'abîme primitif. Sous elle se trouve la source de Mímir, qui recèle sagesse et intelligence. Le propriétaire en est Mímir, homme très savant car il boit de l'eau de la source dans la corne Gjallarhorn (« corne tonitruante »). Ódhinn a demandé à en boire une gorgée, mais il n'y a été autorisé qu'en mettant en gage l'un de ses yeux. C'est pourquoi il est désormais omniscient mais... borgne !

La troisième racine est située au-dessus de Niflheimur et, en dessous d'elle, se trouve la source Hvergelmir (« source tonnante »). Le dragon Nídhhöggur ronge cette racine par le bas.

Près de la source d'Urdhur, sous le frêne, se trouve une halle splendide d'où sortent trois vierges appelées Urdhur (« advenu[e] », c'est-à-dire : « ce qui fut », le passé), Verdhandi (« advenant[e] », c'est-à-dire le présent) et Skuld (« dette », c'est-à-dire « ce qui doit advenir », l'avenir). Ce sont elles qui façonnent la vie des hommes, et on les appelle les Nornes. Elles aspergent chaque jour le frêne avec la boue de la source d'Urdhur afin que ses branches ne pourrissent pas.

Le monde habité par les hommes s'appelle Midhgardhur (« demeure du milieu »). Il est entouré d'une mer primitive dans laquelle vit le serpent de Midhgardhur, qui se love autour des terres habitées. Entre Midhgardhur et le monde des dieux, Ásgardhur (« demeure des dieux »), entre la terre et le ciel, il y a un pont, Bifröst (« chemin qui tremble ») qui est en fait l'arc-en-ciel. Un feu y brûle en permanence pour empêcher les géants d'envahir le monde des dieux. Le dieu Heimdallur veille sur ce pont, et son ouïe très fine et sa vue perçante lui permettent d'apercevoir de loin d'éventuels assaillants. Le cas échéant, il souffle dans son cor, qui retentit alors de par le monde entier chez les dieux et les hommes.

Au nord et sous Midhgardhur se trouve le royaume des morts : Hel, gardé par la déesse du même nom. À l'est, séparé de Midhgardhur par des rivières, se trouve Jötunheimur, « le monde des géants ». Le mot *jötunn* signifie « ogre ». Dans le ciel, les dieux ont fait construire par un géant maître bâtisseur leur château : Ásgardhur (« demeure des Ases »).

✷

DÍSIR OU DISES

Des fées nordiques ?

Il existait un sacrifice aux dises (*dísablót*) pratiqué en automne lors des « nuits d'hiver » (trois jours à la mi-octobre : chez les anciens Scandinaves, il n'y avait que deux saisons, l'hiver et l'été). Il donnait lieu à de grandes beuveries au cours desquelles il était incorrect de ne pas s'enivrer. Le culte était privé et pratiqué dans des fermes.

Les *dísir* sont des déesses tutélaires attachées à un clan, une famille ou un individu. Elles annoncent son destin au héros en le visitant en rêve. En poésie, elles sont identifiées aux valkyries. Elles sont confondues aussi avec les Nornes, les divinités filandières du destin. Parfois, en tant que femmes mortes, elles appellent le héros à venir les rejoindre.

Les *dísir* étaient également des déesses de la fertilité-fécondité, et on ne s'étonnera pas que la déesse Freyja, parèdre de Freyr, soit appelée Vanadís : « déesse des Vanes ».

✷

DRAGON

Sigurdhur comprend le langage des oiseaux

Ayant vengé son père Sigmundur, tué par Hundingur, Sigurdhur se dirige maintenant en compagnie de Reginn, le forgeron, vers la grotte où sévit Fáfnir. Il creuse une profonde fosse sur le chemin du dragon et, lorsque celui-ci passe au-dessus de la fosse, il le blesse de sa lance. Avant de mourir, Fáfnir évoque la malédiction qui pèse sur l'or dont il a la garde. Le nain Reginn conseille à Sigurdhur de faire rôtir le cœur de Fáfnir et de le manger. Il s'agit là d'un rite d'appropriation de force. C'est alors qu'une goutte du sang brûlant du dragon tombe sur le doigt de Sigurdhur. Celui-ci suce son doigt et comprend dès lors le langage des oiseaux.

Dans les branches au-dessus de sa tête sont perchées des mésanges. Celles-ci reprennent le thème de l'or maudit et l'avertissent : Reginn envisage de l'assassiner afin de s'emparer du trésor. Elles lui conseillent donc de le tuer, ce que Sigurdhur s'empresse de faire, à la suite de quoi il charge l'or sur son cheval Grani et s'en va.

Le fait d'avoir tué le dragon vaudra à Sigurdhur son surnom de « meurtrier de Fáfnir ».

DRAKKAR

Une invention linguistique

Le mot « drakkar » est une pure invention linguistique, et il n'existe nulle part ailleurs qu'en français. Les Vikings appelaient leurs bateaux *knerrir* (au singulier : *knörr*) lorsqu'il s'agissait d'affronter la haute mer, et *skeidhar* ou *skeidhir* (au singulier : *skeidh*) ou *langskip* (au singulier comme au pluriel : long[s] bateau[x]), ou bien encore, quand ils voulaient remonter les fleuves, *snekkjur* (au singulier : *snekkja*), terme francisé en « esnèques ». Les anglophones ou les germanophones disent *dragon-ship* ou *Drachenschiff*. Pourquoi ne pas faire comme eux et dire : « bateau-dragon » ?

Le mot « drakkar » est une construction erronée sur *drekar* qui, en norrois, signifie « dragons » (singulier : *dreki*). Les Vikings avaient en effet coutume d'orner la proue et la poupe de leurs navires de têtes de dragons sculptées. Elles étaient censées effrayer les esprits tutélaires (les *landvættir*) des régions qu'ils attaquaient. Quand ils abordaient en pays ami, ils enlevaient ces *drekar*.

Le terme *drekar* est d'ailleurs très rare dans les sagas. On a donc, par métonymie, voulu désigner le tout par le nom d'une partie, mais on l'a fait à mauvais escient, puisque « drakkar » s'écrit de manière absurde avec un *a* et deux *k*, pour faire plus scandinave (!), et conserve une désinence en *-ar*, ce qui est un pluriel bien singulier…

*

FÁFNIR

L'or a besoin d'un bon coffre-fort

En poésie, l'expression « couche du serpent » est une *kenning* (métaphore) qui signifie l'« or ». Il s'agit d'une allusion au géant Fáfnir qui se métamorphose en dragon (c'est-à-dire en serpent) et se couche sur son or pour le garder. Quoi de plus sûr pour mettre un trésor à l'abri ? Toutefois, cela ne lui réussira guère, ainsi que nous l'apprennent les textes de l'*Edda* et les livrets de Richard Wagner. En effet, il sera tué par le héros Sigurdhur (le Siegfried des Allemands) dépossédé de son trésor.

✷

FARINE DE FRÓDHI

Pourquoi la mer est salée

Fenja (« habitante des marais ») et Menja (« celle qui porte un collier ») sont deux géantes que le roi Fródhi a achetées comme esclaves pour faire tourner son moulin magique, Grótti, capable de moudre tout ce que le meunier demande. Mais les deux servantes se plaignent de leur sort, parlent de leur origine et de ce qu'elles ont fait dans leur vie antérieure, et aussi de la ruine prochaine de la résidence royale de Fródhi, roi de Danemark, à Hleidhur (aujourd'hui Lejre).

Fródhi ordonne alors aux servantes de moudre de l'or. Elles obtempèrent tout d'abord, puis, toujours pour Fródhi, se mettent à moudre la paix et le bonheur. Mais elles travaillent tant qu'elles entrent dans une fureur de géantes et détruisent le moulin et la maison, finissant par ne plus moudre que ce qu'elles veulent : du feu, des armes et une armée ennemie.

C'est alors qu'un Viking du nom de Mýsingur arrive avec cette armée ennemie, tue Fródhi et détruit sa résidence royale. C'est la fin de la « paix de Fródhi ». Or Mýsingur emmène avec lui Fenja et Menja, ainsi que le moulin. Il fait moudre du sel tant et si bien que son bateau sombre. C'est pourquoi, désormais, la mer est salée. Mais en sombrant, le moulin a provoqué un énorme tourbillon. Le nom du Maelström des îles Lofoten en Norvège vient du norvégien *male* : « moudre ». Il existe aussi un Maelström entre le nord de l'Écosse et les Orcades. Les Orcadiens se souviennent encore aujourd'hui de « Grotti-Fenni » et de « Grotti-Menni » !

*

FEMMES-CYGNES

Un lac des cygnes nordique

Elles sont apparentées aux valkyries, mais au lieu d'être au service d'Ódhinn, elles relèvent de l'autorité de Freyja, donc de l'amour.

Dans le chant qui porte son nom, Völundur est fils de roi et a deux frères. Ils font du ski et chassent. Un matin, au bord d'un lac où ils se sont construit une maison, ils découvrent trois femmes qui filent du lin. Ce sont des femmes-cygnes. Sans leur plumage, elles ne sont plus que de simples femmes qu'il est possible d'épouser. Chacun des trois hommes épouse donc l'une d'elles. Mais au bout de sept ans, les femmes s'envolent toutes et vont parcourir les champs de bataille, telles les valkyries. Cependant, elles ne reviennent pas.

Les deux frères de Völundur partent à leur recherche, tandis que lui reste à la maison à confectionner des bijoux dans sa forge. Sans doute veut-il offrir un prestigieux bijou à celle qu'il aime, au cas où elle reviendrait. Sa réputation d'excellent orfèvre parvient aux oreilles du roi Nídhudhur qui, comprenant le bénéfice qu'il pourrait tirer de lui, le fait immédiatement arrêter.

Dans les trois chants de l'*Edda* consacrés à Helgi, trois valkyries du nom de Sigrún, Sváva et Kára l'aiment et le protègent. Tout comme elles, Völundur a la faculté de voler dans les airs : c'est grâce à des ailes magiques qu'il parvient à s'enfuir de sa prison après avoir accompli son horrible vengeance.

L'histoire de Völundur présente des affinités avec le mythe grec de Dédale : outre le motif des ailes, le mot islandais pour « labyrinthe » est *völundarhús* (« maison de Völundur »).

FENRIR

Le loup enchaîné

Tout comme la sinistre déesse Hel et le terrible serpent de Midhgardhur, le loup Fenrir a été engendré par Loki et la géante Angurbodha (« celle qui cause de l'affliction »). Ódhinn apprend que ces enfants sont élevés au Jötunheimar (« mondes des géants ») et découvre que les dieux auront à subir grand dommage de leur part.

Il décide de s'emparer d'eux et jette le serpent dans la mer. Désormais, le serpent de Midhgardhur entoure les terres habitées et se mord la queue.

Ódhinn précipite Hel dans le Niflheimur et lui donne l'autorisation d'exercer son pouvoir sur neuf mondes afin qu'elle loge ceux qui lui seraient envoyés (ceux qui meurent de maladie ou de vieillesse).

Les Ases élèvent le loup. Týr est le seul dieu qui ose lui donner à manger. Mais comme il grandit très vite et que les prophéties disent qu'il mènera les dieux à leur perte, ces derniers l'enchaînent avec Loedhing (« le finaud »), lien extrêmement solide, mais que le loup rompt avec une grande facilité. Le même épisode se déroule avec une seconde chaîne, Drómi (« ficelle »). Alors Alfadhir (« père de tous », autrement dit : Ódhinn) demande à Skírnir (« le brillant »), messager de Freyr, de descendre chez les alfes noirs, c'est-à-dire les nains, et de leur faire fabriquer un lien infrangible. Ce sera Gleipnir (« le moqueur »), fabriqué avec de la soie et les ingrédients suivants : du bruit de pas de chats, de la barbe de femmes, des racines de montagnes, des tendons d'ours, du souffle de poisson et de la salive d'oiseaux.

Les Ases emmènent alors le loup dans un îlot appelé Lyngvi (« bruyère ») situé dans le lac Ámsvartnir (« entièrement noir »). Mais Fenrir se méfie. Il exige que l'un des dieux mette sa main dans sa gueule en gage que tout est fait sans tromperie. Aucun ne veut y consentir, sauf Týr qui tend sa main droite. Le loup a beau s'arc-bouter, il ne parvient pas à rompre cette chaîne. Tous les dieux éclatent de rire, sauf Týr : il vient de perdre la dextre.

Týr est un dieu du droit et relève de la fonction de souveraineté sous son aspect juridique. En ayant perdu sa main droite, il est garant de la paix du monde jusqu'aux *ragnarök*, les « destinées des puissances ».

FREYJA

L'affriolante Vénus nordique

D'une beauté envoûtante, cette déesse de l'amour apparaît dans quelques poèmes de l'*Edda*.

Dans l'« Incantation de Gróa », Svipdagur (« jour qui point brusquement »), le héros qui descend d'Ódhinn, demande conseil à sa défunte mère, Gróa (« croissance, végétation »), car il veut accomplir un voyage périlleux afin de demander la main de la belle Menglödh (« celle qui se réjouit du collier », autre nom de Freyja). Gróa lui énonce neuf formules magiques censées le protéger et lui donner sa chance.

Dans les « Dits de Fjölsvinnur », Svipdagur va chercher celle qu'il aime, Menglödh, qui demeure sur une montagne entourée d'une muraille de flammes. Sous un pseudonyme, il pose de nombreuses questions au géant qui la garde, Fjölsvinnur (« qui sait beaucoup de choses »). Finalement, Fjölsvinnur annonce que Menglödh n'appartiendra qu'à Svipdagur. Ce dernier révèle sa véritable identité. Alors Menglödh et lui se déclarent leur amour. Le *Grógaldur* et les *Fjölsvinnsmál* sont réunis sous l'appellation de « Dits de Svipdagur ».

Dans le « Lai de Hyndla », Freyja, magicienne, exhorte la géante devineresse Hyndla à la suivre à la *valhöll*, chez Ódhinn. Elle lui fait dire toute la généalogie d'Óttar le Simple, qui est son amant et qu'elle a, afin de lui éviter des malheurs, transformé en sanglier (animal favori de Freyr, dont la parèdre est Freyja). Après avoir rapidement évoqué les dieux et les principaux événements du monde, elle accuse alors Freyja de nymphomanie. Furieuse, Freyja décide de faire périr Hyndla. Cette dernière offre à Óttar de la bière empoisonnée, mais grâce à une formule magique, Freyja en ôte le poison et sauvera ainsi Óttar, son bien-aimé.

FREYR

Un dieu amoureux d'une très jolie géante

Regardant de par le monde, du haut de sa demeure Hlidhskjálf, Freyr aperçoit à Jötunheimur une belle jeune fille. Depuis lors, il languit après elle. Il dépêche son serviteur Skírnir (« éclatant »), auquel il confie son cheval et son épée afin qu'il demande la main de Gerdhur en son nom. Mais ses cadeaux (onze pommes d'or et l'anneau Draupnir) ne donnent aucun résultat et la réponse de Gerdhur est négative. Freyr contraint alors Gerdhur à consentir à l'épouser en la menaçant de lui graver des runes magiques : « Je te graverai un *thurs* [rune *th*] et trois bâtons qui signifient : honte, folie et agitation. »

Gerdhur accepte finalement de rencontrer Freyr dans un délai de neuf jours, au bosquet Barri (soit « champ de blé », soit « bois de conifères »). Lorsqu'il apprend la nouvelle, Freyr se lamente de ce long délai. Mais Gerdhur tient sa promesse et s'unit d'amour au dieu.

Il s'agit là d'une hiérogamie (« mariage sacré ») au cours de laquelle Freyr, dieu du soleil et de la fécondité, épouse Gerdhur, déesse de la terre (elle est fille de géant, un être tellurique).

FUNÉRAILLES DE BALDUR

Un fils de dieu réduit en cendres

On sait que les guerriers morts au combat, les armes à la main, sont emportés à la *valhöll* (« halle des guerriers morts au combat ») par les valkyries chez Ódhinn. Ce n'est pas le cas de Baldur. Les hommes qui meurent en mer vont au domaine de la déesse Rán (dont le nom signifie « rapt »), épouse du dieu de la mer, Ægir, et mère des « filles d'Ægir », c'est-à-dire des vagues. Rán est la souveraine des noyés et elle figure – remarquable continuité thématique à deux mille cinq cents ans de distance – sur les pétroglyphes de Scandinavie avec son filet, cherchant à entraîner les marins au fond de l'eau. Ce n'est manifestement pas le cas de Baldur. Seule solution : Baldur sera accueilli chez la déesse Hel, mi-bleue, mi-noire, qui règne sur les morts en dessous de la terre.

Les Ases portent le cadavre de Baldur jusqu'à son bateau *Hringhorni*, sur lequel il doit être brûlé. Mais ils ne réussissent pas à le mettre à l'eau et appellent à leur aide une géante, Hyrokkin (« rapetissée par le feu »). Elle arrive en chevauchant un loup qui a pour bride des serpents venimeux. Elle saute allègrement de sa monture, et Ódhinn se voit obligé de faire appel à quatre *berserkir* pour s'occuper du loup. (Quand ils entrent en transe, les *berserkir* sont connus pour être invulnérables et insensibles au feu et aux armes.) Or, même eux ne peuvent contenir le loup. Ils sont donc contraints de l'abattre. Hyrokkin se dirige alors vers le bateau et le pousse du premier coup à l'eau. Les rondins de bois en font des étincelles et la terre se met à trembler. Bouillant d'indignation devant cette humiliation des dieux, Thór saisit son marteau pour la punir, et il faudra que les Ases intercèdent énergiquement en faveur de la géante pour qu'il consente à l'épargner.

On transporte alors le cadavre de Baldur sur le bateau. Nanna, son épouse, meurt de chagrin, et on la dépose à son tour sur le bûcher, que Thór consacre avec son marteau. Surgit alors un nain nommé Litur (« couleur »). Thór, toujours à sa colère, le pousse sans raison dans le brasier. Ódhinn dépose l'anneau Draupnir sur le bûcher, et le cheval de Baldur est lui aussi brûlé.

GEFJON

Ou comment le Danemark fut séparé de la Suède

Ódhinn a créé les hommes. Il est également l'ancêtre de plusieurs familles royales : les Völsungar, les Skjöldungar, les Ynglingar, les Skilfingar. Chez les Skjöldungar, Skjöldur, dont le nom signifie « bouclier », est fils d'Ódhinn et premier roi de Danemark. Il épouse la géante Gefjon.

Le roi de Suède Gylfi, qu'elle avait diverti, promit de lui donner autant de terre que quatre bœufs retourneraient en un jour et une nuit. Elle alla donc au pays des géants chercher quatre bœufs, qui n'étaient autres que les fils qu'elle avait eus d'un géant, les attela à une charrue et leur fit labourer la terre. Ils tirèrent et détachèrent le morceau de terre appelé aujourd'hui Sjælland (grande île danoise sur laquelle se trouve Copenhague). À l'endroit où la terre avait été arrachée, elle donna le nom de Mälar, un grand lac de Suède, près de Stockholm.

GRÍMNIR

Malheur à qui s'en prend à Ódhinn

Les *Grímnismál* (« Dits de Grímnir »), poème mythologique, rapportent comment, après s'être disputé avec son épouse au sujet de Geirrödhur, Ódhinn décide de mettre ce dernier à l'épreuve. Sur le conseil de Frigg, Geirrödhur reçoit Ódhinn, qui se cache sous le pseudonyme de Grímnir (« grimé », « masqué », surnoms qui conviennent bien à ce dieu multiforme et trompeur), d'une manière on ne peut plus inhospitalière : il le fait mettre au supplice entre deux feux afin de le faire parler. Le fils de Geirrödhur, âgé de dix ans, lui donne à boire.

Cet épisode a fait l'objet d'une introduction en prose. Ensuite, Grímnir débite les cinquante-quatre strophes du poème qui nous fournissent une abondante matière mythologique. Il récite la longue liste de cinquante-cinq de ses surnoms, puis se fait reconnaître. La prose finale raconte comment Ódhinn se venge de Geirrödhur, lequel finit par tomber transpercé sur sa propre épée.

*

GUDHRÚN, KRIEMHILD

Et les dieux créèrent la femme

Dans les poèmes de l'*Edda*, Gudhrún est le nom nordique de Kriemhild, son équivalent allemand de la *Chanson des Nibelungen* (*Das Nibelungenlied*). En Allemagne, elle apparaît dans d'autres œuvres sous le nom de Gudrun ou Kudrun.

En Scandinavie, elle est l'épouse du héros Sigurdhur (en allemand, Siegfried), issu de la famille des Völsungar, laquelle descend directement d'Ódhinn. De fait, Gudhrún intervient dans plusieurs poèmes du cycle de Sigurdhur, où elle est en butte à la contradiction. Son second mari, Atli, convoite l'or de ses frères et les fera périr. Sa rivale Brynhildur (Brünhild en allemand) se prétendant seule femme légitime de son premier mari, Sigurdhur, ses frères vont ourdir le complot qui mènera à l'assassinat de son époux ; le cruel roi Jörmunrekur (Ermanarich) tuera sa fille et sera la cause de la mort de ses fils. Elle incarne le destin, qui préside à l'inéluctable enchaînement de l'offense, de l'honneur et de la vengeance.

En Allemagne, dans la *Chanson des Nibelungen,* sous le nom de Kriemhild elle passe de la douceur de l'amour avec Siegfried, son époux, à la douleur du deuil, et à l'affliction, puis à la soif de vengeance et à la haine, et devient un être maléfique qui n'engendre plus que la destruction. Siegfried et Brünhild n'apparaissent que dans la première partie, tandis que Kriemhild est présente du début à la fin. D'ailleurs, l'auteur anonyme de la *Chanson des Nibelungen* dit d'elle : « Elle avait nom Kriemhild ; elle devint une dame d'une grande beauté. À cause d'elle, beaucoup de héros durent perdre la vie. »

Dans le Nord, Atli (l'équivalent d'Attila) est décrit sous un jour défavorable dans l'*Edda*, où sa cupidité le pousse à tuer Gunnar et Högni, et dans la *Chanson des Nibelungen*, Etzel (toujours Attila) nous apparaît comme le souverain fastueux qui accueille les réfugiés et protège les exilés. À l'inverse, Gudhrún est envisagée plutôt comme vindicative dans l'*Edda*, et comme souffrante et victime innocente dans les œuvres allemandes, que ce soit dans la première partie de la *Chanson des Nibelungen* (Kriemhild), chez Wagner (Gutrune) et dans le splendide poème *Kudrun*.

Kudrun est enlevée à son fiancé par des pirates, condamnée comme simple servante à laver le linge au bord de la mer pour avoir refusé d'épouser son ravisseur. Après maintes péripéties, elle est heureusement délivrée par son fiancé, qu'elle épouse ; elle demeurera le symbole de la fidélité de la femme allemande. Trait d'esprit des Allemands d'après-guerre : le nom de Gudrun sera donné à une marque de… machine à laver !

Dans l'*Edda* et la *Chanson des Nibelungen*, elle incarne le malheur. Finalement, Gudhrún aura perdu tous ses maris et tous ses enfants. Fille heureuse dans sa jeunesse, une jeunesse que rien n'est venu troubler, Gudhrún devenue tout d'abord épouse et mère comblée finit par ne plus connaître et engendrer que le malheur autour d'elle.

Toujours est-il que son personnage inspirera de nombreux auteurs. Depuis les chants sauvages de l'*Edda* en passant par la Kudrun lumineuse et chrétienne, poème en moyen haut allemand, la *Chanson des Nibelungen*, et par la Gudrun de Friedrich de La Motte-Fouqué, proche de la tradition nordique, elle n'a cessé de fasciner. Mentionnons aussi Friedrich Hebbel dont la Kriemhild ressemble à son homonyme de la *Chanson des Nibelungen*, et la tétralogie de *L'Anneau du Nibelung* de Richard Wagner dans laquelle elle s'efface sous le nom de Gutrune au profit de Brünhild pour demeurer une femme marquée par le destin. Ce n'est pas pour rien que le nom de Gudhrún signifie « secret [*rún*, pour « rune »] des dieux »…

GUERRE DES DIEUX

Le conflit des origines entre les Ases et les Vanes

À l'origine, il y a eu, entre les deux familles de dieux, les Ases et les Vanes, une guerre dont on ne connaît pas la cause (peut-être le désir de posséder la richesse, l'or des Vanes avec l'apparition de Gullveig ?). Avec une armée, Ódhinn part en guerre contre les Vanes. Ceux-ci se défendent si bien que personne n'en sort vainqueur. De guerre lasse, Ases et Vanes finissent par faire la paix en échangeant des otages : les Vanes livrent leurs hommes les plus distingués, Njördhur et Freyr. Les Ases fournissent Hoenir, un dieu, et Mímir, un homme très sage. Les Vanes donnent également le plus avisé d'entre eux, Kvasir.

Bien souvent, on confond les deux familles de dieux dans l'appellation générique d'Ases. La guerre des dieux a eu lieu suivant un clivage fonctionnel : entre les Ases, divinités de la souveraineté et de la guerre, et les Vanes, divinités agraires, de la fertilité et de la fécondité.

GUI

Une plante mystérieuse

Le gui joue un grand rôle dans la tradition islandaise, laquelle conserve toutes les antiquités nordiques depuis toujours. Nous connaissons le mythe de l'invulnérable Baldur dans lequel son frère aveugle Hödhur devient son meurtrier involontaire en lui lançant une branche de gui qui, magiquement, se transforme en flèche (→ Baldur). Le gui apparaît aussi dans des poèmes et dans des sagas, notamment dans la *Saga de Hrómundur Gripsson*, où il donne son nom à une épée : Mistilteinn.

Le deuxième grand mythographe nordique après Snorri Sturluson, Saxo Grammaticus, clerc danois vivant à la même époque (XIIIe siècle), donne une version différente de celle de Snorri : il fait mourir Baldur à cause d'une épée. Le gui, plante apparemment inoffensive, se trouve être paradoxalement mortifère en raison des vertus magiques qui lui sont attribuées. En effet, elle est toujours verte, et beaucoup de civilisations européennes l'ont considérée comme préservant du mal.

Chez les Celtes, les druides coupaient le gui avec une faucille d'or le sixième jour de l'année celtique afin de chasser les mauvais esprits. Ils lui attribuaient des vertus médicinales. On pensait qu'il immunisait contre le poison. On recherchait surtout le gui poussant sur le chêne, arbre solaire, symbole de force. Le gui était pour ainsi dire son pendant lunaire. Il existe toute une tradition dans le Nord de l'Europe qui consiste pour les amoureux à échanger un baiser sous une boule de gui suspendue au plafond. Cela représenterait un gage de bonheur et de longue vie.

En France, on pratique cette coutume le jour de l'An : « Au gui l'an neuf ! » est la déformation (heureuse) d'une expression celte (bretonne, en l'occurrence, car rapportée par Pline l'Ancien au Ier siècle après J.-C. à propos des druides de Bretagne et de leurs coutumes) : *o ghel an heu*, « Que le blé germe ! », qu'on déclarait pour se souhaiter la bonne année. Cette tradition remonterait à la fête des Saturnales romaines et s'est perpétuée sous la forme du houx à Noël, les épines rappelant la couronne du Christ et les baies rouges son sang.

*

GULLVEIG

L'ivresse de l'or

La voyante du grandiose poème de l'*Edda* intitulé « Prophétie de la Voyante » (*Völuspá*) récapitule pour Ódhinn toute l'histoire du monde depuis les origines et lui révèle – si besoin était car il sait tout ! – ce qui se passera à la fin des temps. Au commencement, le monde connaît un âge d'or, mais les choses se gâtent avec l'arrivée de trois filles géantes qui symbolisent le destin (les Nornes, divinités féminines et filandières).

Puis survient une étrange femme nommée Gullveig, dont le nom signifie « ivresse de l'or » et qui provoque le désordre dans le genre humain.

Lorsqu'il se présente aux Ases et réclame son dû, le géant maître bâtisseur du château des dieux se fait occire par le dieu Thór, qui lui fracasse le crâne avec son marteau appelé Mjöllnir. En acceptant le subterfuge de Loki destiné à les tirer d'affaire, les dieux se sont rendus coupables de parjure. Ils ont rompu leurs serments, faute gravissime : chez les Germains païens, le manquement à la parole donnée est le véritable péché originel.

L'arrivée de Gullveig chez les Ases n'arrange rien, bien au contraire : le cours des événements est accéléré par les mauvais traitements qu'ils lui infligent sans succès à la suite des sortilèges et des maléfices qu'elle provoque chez eux (dévergondage sexuel, adultère, inceste – chose couramment admise chez les Vanes, représentants de la nature sauvage, contrairement à ce qui se passe chez les Ases, qui symbolisent la société organisée, la nature domestiquée).

Elle a été envoyée exprès par les Vanes chez les Ases afin de perturber ces derniers. C'est une magicienne qui connaît le *seidhur*, ensemble de pratiques divinatoires auxquelles s'attache un état d'hébétude infamant pour un homme et succédant aux transes. On l'identifie à Freyja, la Vénus nordique, l'affriolante déesse de l'amour et de la sexualité débridée, de la fécondité et de la fertilité. Chez les Ases, les dieux de l'ordre, c'est une puissance malfaisante qui trouble les esprits. C'est pourquoi, lors d'un rituel magique qui s'apparente à un rite d'exorcisme, ils la brûlent trois fois, mais sans succès : indestructible, elle renaît chaque fois et sa survie est considérée comme un malheur.

Comme Freyja, Gullveig est liée à l'or. On sait que Freyja possède un collier d'or, Brisingamen, qu'elle a pour mari un certain Ódhur, hypostase d'Ódhinn, et qui, un jour, disparaît ; elle verse alors des larmes d'or, cherchant partout où le retrouver ; elle a deux enfants, Hnoss et Gersemi, dont les noms signifient « joyau » et « bijou ».

En fait, la fin du monde a pour cause une faute que les dieux eux-mêmes ont commise en portant atteinte à l'ordre du monde. Ils ont ourdi la première guerre en tuant la géante Gullveig. Ódhinn a ouvert le combat contre les Vanes en jetant son javelot au-dessus des rangs de l'armée adverse pour se la consacrer, et Thór y a fait de terribles ravages en y lançant son marteau. Les dieux n'ont pas respecté leurs serments, et la guerre entre Ases et Vanes a détruit la paix. Très rapidement, le monde court à sa perte. Le tournant décisif qui va précipiter les événements est l'assassinat de Baldur, dieu bon et lumineux.

HEIMDALLUR

Un dieu énigmatique

Heimdallur reste un dieu énigmatique. Son nom signifie : « celui qui éclaire le monde ». C'est l'« Ase blanc » (comprendre : blond), grand et sacré. Il fut engendré par neuf sœurs. On l'appelle Gullintanni (« dents d'or ») et Hallinskídhi (« cornes recourbées », c'est-à-dire bélier). On voit généralement dans ses neuf mères les neufs vagues que sont les filles d'Ægir, mais d'autres sources disent que ce sont des géantes.

Sa demeure est Himinbjörg (« rocher du ciel »), près du pont Bifröst (« chemin qui tremble ») qui mène à Ásgardhur. C'est le veilleur des dieux. Il se tient constamment sur le pont, au bout du ciel, pour prévenir les dieux d'une éventuelle invasion des géants. Il a besoin de moins de sommeil qu'un oiseau et voit de jour comme de nuit à cent lieues à la ronde. Il entend pousser l'herbe sur le sol, la laine sur le dos des moutons et tout ce qui ne fait pas de bruit.

Ses attributs sont son cheval Gulltoppr (« toupet d'or »), son cor Gjallarhorn (« cor tonitruant ») qu'on peut entendre de par le monde et qui retentira pour avertir les dieux lors des *ragnarök*, la fin du monde, son épée, Höfudh (« tête d'homme »).

Comme l'un de ses surnoms l'atteste, Heimdallur serait associé au bélier. On sait que cet animal était souvent sacrifié par les Germains (gotique *sauths* : « sacrifice » ; norrois *saudhur* : « mouton »).

Heimdallur se bat contre Loki pour la possession du collier des Brísingar (collier de Freyja). Pour cela, tous deux prennent la forme d'un phoque. Heimdallur est parfois appelé « pourvoyeur du collier de Freyja ». Encore plus étrange est le fait que la *Völuspá* (« Prophétie de la Voyante ») l'appelle « père des dieux ». Une autre interprétation de son nom fait de lui le « pilier qui soutient le monde ».

HELGI HJÖRVARDHSSON

L'amour plus fort que la mort

Le roi Hjörvardhur épouse en quatrièmes noces la femme la plus belle du monde, Sigurlinn, qui lui donne un fils, Helgi. Mais celui-ci est muet. C'est la valkyrie Sváva qui lui confère le don de parole. Dans sa jeunesse, Helgi venge son grand-père assassiné. Puis une altercation entre Atli et la géante Hrímgerdhur vient interrompre le cours des événements. Il fait nuit et Atli retarde tellement la géante que celle-ci est pétrifiée par la lumière du jour. Les géants, êtres des profondeurs de la terre, ne peuvent supporter les rayons du soleil.

Hédhinn, frère de Helgi, rencontre une géante qui chevauche un loup dans la forêt. Comme il se refuse à l'accompagner, elle menace de se venger lors des toasts que Hédhinn est censé porter à la beuverie sacrificielle prévue pour le soir. Lors de la libation, Hédhinn fait le serment d'épouser Sváva, mais se repend, se trompe de chemin et rencontre son frère, Helgi.

Helgi pardonne à son frère ses paroles téméraires, mais fait part de son pressentiment : il croit deviner sa mort prochaine au cours d'un duel. Il déclare son amour à Sváva et lui recommande de prendre son frère Hédhinn pour époux. Hédhinn promet de venger son frère. Le « Chant de Helgi, Fils de Hjörvardhur » dit que Helgi et Sváva furent réincarnés.

HULDUFÓLK

Les gens cachés

Il existe une légende issue de la mythologie païenne nordique ancienne dont le texte original se trouve dans le recueil de Jón Árnason, *Contes populaires d'Islande*, publié au milieu du XIXe siècle. Elle raconte la genèse des gens cachés (*huldufólk*, ou *huldumenn*).

Un jour, Dieu tout-puissant vint trouver Adam et Ève. Ceux-ci lui firent bon accueil et lui montrèrent tout ce qu'ils possédaient à l'intérieur de leur maison. Ils lui montrèrent aussi leurs enfants, et ils lui parurent tout à fait prometteurs. Dieu demanda à Ève s'ils n'avaient pas davantage d'enfants que ceux qu'elle venait de lui montrer. Elle dit que non. Mais il se fit qu'Ève n'avait pas fini de laver certains enfants et avait eu honte de laisser Dieu les voir. C'était pour cette raison qu'elle les avait dérobés à sa vue. Cela, Dieu le savait, et il dit : « Ce qui sera caché devant moi sera également caché devant les hommes. » Ces enfants devinrent dès lors invisibles aux hommes et habitèrent dans les bois, les hauteurs, les collines et les rochers. C'est d'eux que descendent les *álfar* (« alfes »). Mais les hommes proviennent des enfants qu'elle avait montrés à Dieu. Les êtres humains ne peuvent jamais voir les alfes, à moins que ceux-ci le veuillent eux-mêmes, car eux peuvent voir les hommes.

HYDROMEL POÉTIQUE

De la bière comme s'il en pleuvait

Voici comment Ódhinn a acquis le don de poésie.

Après s'être fait la guerre, les deux familles de dieux, les Ases et les Vanes, scellent la paix en échangeant des otages et en crachant tous dans un récipient. À partir de cette salive, ils créent un être extraordinairement sage, Kvasir. Or, deux nains, Fjalarr (« celui qui cache ») et Galarr (« hurleur ») tuent Kvasir et recueillent son sang dans un chaudron, Ódhroerir (« celui qui suscite l'extase » ; de *ódhur*, trait constitutif d'Ódhinn, la « fureur extatique », signifiant aussi « humeur ») et, dans deux autres récipients, Són (« compensation, expiation ») et Bodhn (« récipient »). Fjalarr et Galarr mêlent du miel au sang de Kvasir et brassent ainsi l'hydromel qui confère le don de poésie.

Les deux nains mettent ensuite à mort le géant Gillingur (« crieur ») et sa femme, mais le fils de ces derniers, Suttungur (« noir »), les expose sur un récif battu par les flots : ils ne sauvent leur vie qu'en abandonnant le précieux hydromel à Suttungur, qui le fait garder à Hnitbjörg (« rochers qui s'entrechoquent », qui rappellent les Symplégades) par sa fille Gunnlödh (« celle qui invite au combat »).

Ódhinn se met alors en campagne dans le but de conquérir l'hydromel des scaldes pour le compte des dieux. Sous le pseudonyme de Bölverkur (« malfaiteur »), il s'engage au service du géant Baugi (« tordu »), frère de Suttungur, et travaille l'été durant. Pour tout salaire, il est convenu qu'il recevra une gorgée d'hydromel. Or, lorsque Baugi accompagne Ódhinn chez Suttungur, ce dernier refuse de céder la moindre goutte d'hydromel, de sorte qu'Ódhinn est obligé de recourir à un stratagème :

avec le foret Rati (« perceur »), Baugi perce un trou dans la montagne à travers lequel Ódhinn, sous la forme d'un serpent, se glisse auprès de Gunnlödh. Après avoir couché trois nuits avec elle, il obtient la permission de boire trois gorgées d'hydromel, à la faveur desquelles il vide successivement les récipients, Són, Bodhn et Ódhroerir.

Là-dessus, il se métamorphose en aigle et prend la fuite avec le précieux nectar poétique, mais il est immédiatement pris en chasse par Suttungur, qui s'est lui aussi métamorphosé en aigle. Arrivé à Ásgardhur, le domaine des Ases, Ódhinn crache l'hydromel poétique dans des plats disposés à cet effet par les autres dieux, mais Suttungur le serre de si près qu'il en laisse tomber quelques gouttes à terre auxquelles personne ne prête attention et que nul ne tente de s'approprier : c'est la part des petits poètes.

C'est pourquoi la poésie est appelée « semence du bec de l'aigle » ou « bière d'Ódhinn » (« servir la bière d'Ódhinn » équivaut à « débiter un poème ») chez les scaldes. D'ailleurs, toute une série de *kenningar* fait allusion à ce mythe de l'hydromel poétique : *Gillings gjöld*, « compensation pour Gillingur » ; *Kvasis dreyri*, « sang de Kvasir » ; *Dverga farkostur*, « véhicule des nains » ; *Dverga drykkur*, « boisson des nains » ; *Bergs geymilöð dverga*, « flot des nains caché dans la montagne » ; *Viðurs thýfi*, « larcin d'Ódhinn » ; *Arnar kjapta örð*, « semence du bec de l'aigle ».

INGÓLFUR ARNARSON

Le premier colon de l'Islande

Le *Livre de la colonisation de l'Islande* rapporte les aventures de deux Norvégiens qui ont accompli un rite de fraternité jurée, Ingólfur Arnarson et Leifur Hródhmarsson.

- 9 Mondes

1- Midhgardhr (ou Mannheimr)
terre du milieu (des hommes)

2. Asgardhr = demeure des Ases
c-à-d des dieux

3- Vanabyggdh = demeure des
vanes (Dieux Njordhr, Freyja
et Freyr.

4. Utgardhr = demeure extérieure
= monde des géants (Jötunheimr)

5. Alfheimr = monde des Alfes

6- Dvergheimr = monde des nains.
(pierre et rochers)

7- Niflheimr = monde du
brouillard = séjourne les morts
avec la déesse Hel.

8- Nàströnd = rivage des
cadavres = les assassins,
les parjures et criminels, morts
(= domaine de Hel)

9- Valhöll = paradis pour les
guerriers morts au combat

Alberich = Roi des nains. (= Andvari dans l'Edda) = tyrannique et avide.

Alfes = les gens cachés qu'il ne faut pas déranger.

les nains se pétrifient au soleil.

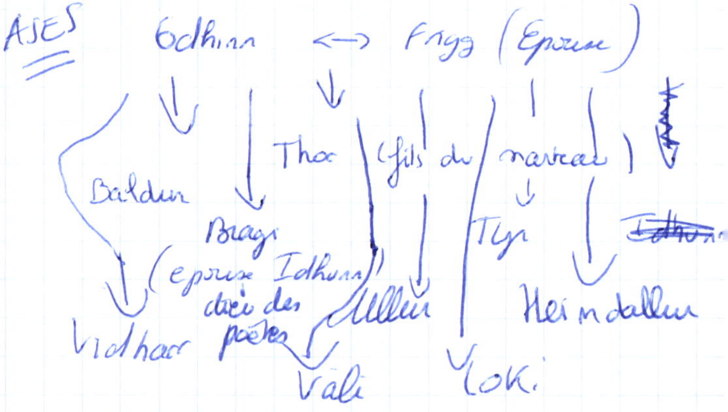

Askur et Embla = 1er ♂ et ♀

Ragnarök : destinées des puissances
↳ fin du monde

Ingólfur a une sœur, Helga. Âgés de vingt et dix-huit ans, Ingólfur et Leifur partent pour une expédition viking à l'ouest de la mer, donc dans les îles britanniques, accompagnés par trois frères, fils d'un *jarl*, homme très important. L'hiver arrive, et Ingólfur et Leifur organisent un banquet. Lors de ces libations, on porte un toast aux dieux et il est d'ailleurs de bon ton de s'enivrer. Or, Helga plaît beaucoup à l'un des trois frères, qui a bu plus que de raison. Il jure en public qu'il épousera Helga, mais nulle autre femme. Cette déclaration n'est pas du tout du goût de Leifur, qui rougit et frémit de colère. Tout reste calme cependant, mais au printemps, les hostilités commencent et se terminent par la mort de deux des trois frères. Ingólfur et son frère juré Leifur paient en compensation une très forte somme d'argent, tandis que le troisième frère s'en va s'établir en Islande.

Par la suite, Leifur part guerroyer en Irlande et y acquiert une belle épée qui lui donne un surnom : Leifur au Glaive (Hjör-Leifur). Il retourne en Norvège, ayant épousé Helga, et y retrouve Ingólfur, qui se prépare à partir pour l'Islande, fait un grand sacrifice de bétail et consulte les augures. Mais Hjörleifur ne veut pas participer au sacrifice. Ils partent donc pour l'Islande, chacun sur son bateau. Ingólfur accoste à un endroit appelé aujourd'hui Ingólfshöfdhi, tandis que Hjörleifur dérive plus à l'ouest, à l'endroit aujourd'hui dénommé Hjörleifshöfdhi. Il sera tué par ses esclaves irlandais révoltés, qui s'enfuiront dans les îles appelées depuis leur passage Vestmannaeyjar (« îles des hommes de l'Ouest » : îles des Irlandais). Lorsque Ingólfur arrive à Hjörleifshöfdhi, il découvre Hjörleifur mort. Il est très fâché mais s'exclame tout de même : « Voilà une bien piètre fin pour un brave que d'avoir été mis à mort par des esclaves, et je vois bien que c'est ce qu'il adviendra à quiconque ne veut pas offrir de sacrifice. » Il fera inhumer Hjörleifur et les siens avant de se mettre à la recherche des esclaves, qu'il finira par trouver et par tuer, jusqu'au dernier.

IRMINSÛL

L'arbre du monde des Saxons

Irminsûl, mot qui se retrouve en vieux saxon et en vieux haut allemand, signifie « énorme colonne ». Il figure dans les annales franques à propos de la campagne menée par Charlemagne contre les Saxons en 772, année où l'empereur s'empara de la forteresse d'Eresburg et la détruisit. On peut fixer grossièrement les limites du territoire des Saxons à l'époque de Charlemagne : entre le ve et le xe siècle, ils occupent une vaste portion de la Germanie entre l'Elbe et le Rhin, allant jusqu'au centre des Pays-Bas actuels.

Le tronc d'Irminsûl avait la forme d'une colonne et représentait sans doute la colonne cosmique qui soutient la voûte céleste.

GÉANT MAÎTRE BÂTISSEUR

Le monde paie d'ingratitude

Tout au début des temps, quand les dieux eurent institué Midhgardhur (« demeure du milieu », là où vivent les hommes) et construit la *valhöll* (« la halle des guerriers morts au combat »), le palais d'Ódhinn, un artisan forgeron se présenta et leur proposa de leur bâtir en trois semestres une citadelle tellement solide et sûre que les géants des montagnes et les géants des frimas, ennemis jurés des dieux, ne pourraient l'investir, même s'ils venaient à pénétrer dans Midhgardhur.

Il demanda pour salaire à épouser la belle déesse Freyja et, accessoirement, à posséder le soleil et la lune. Les Ases se réunirent et se concertèrent. Ils passèrent un marché avec l'artisan forgeron : celui-ci obtiendrait ce qu'il demandait s'il parvenait à construire la citadelle en un hiver. Et le premier jour de l'été, s'il se trouvait encore quelque chose d'inachevé à la citadelle, il serait privé de son salaire. En outre, il ne devait, pendant son travail, recevoir l'aide d'aucun homme. Lorsque les dieux lui eurent énoncé ces conditions, l'artisan forgeron leur demanda de lui permettre de se faire aider par son cheval, qui s'appelait Svadhilfari (« celui qui entreprend un voyage périlleux »). Ce conseil fut donné par Loki, et on lui laissa en prendre la responsabilité.

L'artisan forgeron commença la construction de la citadelle le premier jour de l'hiver, transportant de nuit des blocs de rochers sur son cheval. Cela sembla merveille aux Ases que le cheval puisse transporter de si gros blocs de rochers et accomplisse deux fois plus de prouesses que son maître.

Or, lors de leur marché, il y avait eu force témoins et de nombreux serments, car l'artisan forgeron n'était pas rassuré de se trouver sans sauf-conduit chez les Ases au cas où Thór reviendrait. Ce dernier, guerrier redoutable, était en effet parti sur la route de l'Est occire des géants. L'hiver s'écoulait, et la construction avançait de façon impressionnante. Elle était si haute et si solide qu'on ne pouvait l'attaquer. Et lorsqu'il ne resta plus que trois jours avant l'été, on en était à la porte.

Alors les dieux s'assirent sur leurs sièges et débattirent, se demandant l'un l'autre qui avait conseillé de marier Freyja à un artisan forgeron et de détériorer l'air et le ciel en en enlevant le soleil et la lune pour les donner à ce dernier. Ils furent tous d'accord pour dire que c'était sans doute celui d'entre eux qui faisait le plus de mal, à savoir Loki Laufeyjarson, et ils décidèrent qu'il méritait la mort s'il ne trouvait pas une solution pour priver l'artisan forgeron de son salaire. Attaqué, Loki prit peur et fit des serments, jurant qu'il s'arrangerait pour que l'artisan forgeron soit privé de son salaire, quoi qu'il lui en coûtât.

Le soir même, lorsque l'artisan forgeron s'en alla chercher des blocs de rochers avec le cheval Svadhilfari, une jument sortit au galop d'une forêt et se dirigea vers l'étalon en poussant des hennissements de rut. Et lorsque l'étalon se rendit compte de quel genre de cheval il s'agissait, il devint fou, rompit les attaches et se mit à galoper vers la jument qui disparut dans la forêt. L'artisan forgeron les poursuivit, voulant s'emparer de l'étalon, mais les chevaux galopèrent toute la nuit, et l'ouvrage demeura au point mort cette nuit-là.

Le lendemain, le travail ne fut pas accompli comme il l'avait été auparavant. Lorsque l'artisan forgeron vit qu'il ne pourrait sans doute pas terminer l'ouvrage dans les temps, il entra dans une fureur de géant. Les Ases eurent la certitude qu'ils se trouvaient en présence d'un géant des montagnes et ne respectèrent plus leurs serments. Ils firent appel à Thór, lequel arriva immédiatement et, l'instant d'après, son marteau Mjöllnir vola à travers les airs. Du premier coup de son marteau magique, il fracassa le crâne de l'artisan forgeron, l'expédiant en bas dans le Niflheimur (« monde des brumes »). Thór versa ainsi au géant le salaire de sa construction, qui n'était ni le soleil ni la lune.

La jument n'était autre que Loki qui était allé galoper avec Svadhilfari. Peu après il mit au monde un poulain gris à huit jambes, Sleipnir (« celui qui glisse »). C'est le meilleur cheval qui soit chez les dieux et chez les hommes. Ce fut le cheval d'Ódhinn.

GEIRRÖDHUR

Tribulations d'un dieu au pays des géants

Les dieux Thór et Loki se rendent au Jötunheimur (« monde des géants ») et décident de passer la nuit chez un paysan. Thór tue ses boucs, les dépèce et les fait cuire. Il invite le paysan et ses enfants, Thjálfi et Röskva, en leur disant de jeter les os sur les peaux de boucs. Thjálfi fend le fémur de l'un des boucs avec son couteau afin d'atteindre la moelle. Le lendemain, Thór se lève, bénit les peaux de boucs et les os avec son marteau, et ressuscite les deux boucs. Or, l'un des deux boite. Le paysan, pour apaiser le courroux de Thór, lui donne pour serviteurs ses deux enfants.

Thór poursuit sa route avec ses trois compagnons. Ils passent la nuit dans une grande salle et sont réveillés par un tremblement de terre. Ils décident d'aller dormir dans une autre pièce le reste de la nuit. Le matin, ils aperçoivent un géant qui dort près de la salle. Celui-ci leur apprend qu'ils ont en fait dormi dans le pouce de sa moufle et qu'il s'appelle Skrýmir (« monstre »). Il s'offre pour les accompagner.

Le soir, alors que Skrýmir dort déjà, Thór essaie vainement de dénouer les cordons de son sac à provisions, que Skrýmir a serrés. Il frappe le géant de son marteau, mais celui-ci se réveille, croyant qu'une feuille lui est tombée sur la tête. Thór échoue encore lors de deux autres tentatives de ce genre. Skrýmir les quitte. Thór et ses compagnons arrivent enfin chez le géant Útgardhaloki. Là, on les invite à participer à diverses compétitions sportives. Mais que de déceptions attendent les dieux : Loki se fait battre par Logi au concours du plus gros mangeur ;

Thjálfi perd la course avec Hugi ; quant à Thór, il ne parvient pas à vider la corne à boire d'Útgardhaloki, ni à soulever le chat de celui-ci, ni à triompher à la lutte contre une vieille femme appelée Elli. Útgardhaloki se moque bien d'eux. Thór en est fort contrarié, mais est obligé d'admettre sa défaite.

C'est seulement le lendemain, au moment de leur départ, qu'Útgardhaloki leur révèle qu'ils ont été victimes de ses illusions magiques : Útgardhaloki était lui-même Skrýmir ; le sac à provisions était ficelé avec du fil de fer ; les trois coups de marteau de Thór n'ont pas atteint la tête de Skrýmir, mais trois collines, taillant par là même trois profondes vallées. Loki a été vaincu au concours culinaire par le feu, dont le nom est Logi (« flamme ») qui dévore tout. Thjálfi s'est fait surclasser à la course de vitesse par la pensée, dont le nom est Hugi. La corne à boire plongeait en réalité dans la mer, et les gorgées de Thór ont donné naissance au phénomène de la marée basse. Le chat n'était en fait que le monstrueux serpent de Midhgardhur qui se love autour des terres, et Thór a été terrassé à la lutte par la vieillesse, dont le nom est précisément Elli ! Aussitôt, Thór brandit Mjöllnir pour se venger d'avoir été joué de la sorte, mais quand il est sur le point de frapper, Útgardhaloki et son château ont disparu comme par enchantement.

*

GESTUMBLINDI

Des plumes de faucon

Les « Énigmes de Gestumblindi » (« hôte aveugle ») sont un poème qui figure dans une saga des temps anciens, la *Saga de Hervör et de Heidhrekur* (chap. x). Elles montrent bien le caractère savant mais retors d'Ódhinn, car Gestumblindi, un voyageur, n'est autre qu'Ódhinn.

Il s'agit, comme dans les *Dits de Fort à l'Embrouille*, d'une joute d'érudition entre Gestumblindi et le roi Heidhrekur. Gestumblindi-Ódhinn triomphe de son adversaire en demandant quelles sont les paroles qu'Ódhinn a dites à Baldur avant que celui-ci soit brûlé. La conclusion est donnée par la réponse du roi Heidhrekur, qui s'avoue vaincu : « Toi seul sais cela, créature monstrueuse ! »

Alors Heidhrekur brandit son épée et assène un coup à Ódhinn, qui l'esquive en se transformant en faucon. Il s'échappe donc, mais Heidhrekur lui donne un second coup, déplumant la queue du faucon. Voilà pourquoi les faucons ont des plumes si courtes au niveau de la queue !

Ódhinn, pour se venger de la méchanceté du roi Heidhrekur, lui prédit qu'il sera mis à mort par des esclaves de la pire espèce, mort ignominieuse entre toutes…

HELGI

Amour : toujours !

Helgi est fils de Sigmundur, issu du clan des Völsungar (descendants d'Ódhinn, dont l'animal fétiche est le cheval) et des Ylfingar (dont l'animal fétiche est le loup), et de Borghildur. Helgi et sa famille sont en guerre permanente avec la famille de Hundingur (les Hundingar, qui ont pour animal fétiche le chien, en islandais *hundur*). Après quelques péripéties, Helgi tue Hundingur, ce qui lui vaut son surnom : « meurtrier de Hundingur ».

Puis il rencontre Sigrún, réincarnation de Sváfa, qui se présente comme la fille de Högni, lequel l'a promise en mariage à Hödhbroddur, fils du roi Granmar. Épuisé par une bataille où il a tué les fils de Hundingur, Helgi revoit Sigrún qui lui demande de la protéger. Ils s'embrassent, et Helgi lui promet de combattre la famille de Granmar.

Avec l'aide de son frère Sinfjötli, il remporte la victoire et prend Sigrún pour femme. Elle lui donnera plusieurs fils.

Fils de Hundingur qui avait été épargné en faisant allégeance à Helgi, Dagur offre un sacrifice à Ódhinn dans l'espoir de pouvoir venger son père et ses frères. Le dieu lui donne une lance avec laquelle il transperce Helgi. Puis il va trouver sa sœur et lui annonce la nouvelle. Il est alors banni, et Helgi est enterré sous un tertre. À la *valhöll*, il est appelé à commander les guerriers d'élite en réserve pour le combat de la fin des temps, lors des *ragnarök*.

Finalement, Sigrún vient lui rendre visite dans son tertre, et ils passent la nuit ensemble. Mais avant l'aube, il faut qu'il retourne à la *valhöll*. Sigrún est rentrée chez elle et est obligée d'attendre jusqu'à la fin de ses jours une occasion de revoir Helgi dans son tertre. Elle meurt de chagrin. Dans une prochaine vie, pourtant, elle le retrouvera : elle sera alors une valkyrie nommée Kára (« Second Chant de Helgi, meurtrier de Hundingur »).

HRUNGNIR

Un duel mémorable

Ódhinn se rend sur son coursier Sleipnir au Jötunheimur (« monde des géants »), où il rencontre un certain Hrungnir, lequel admire ce cheval. Là-dessus, Ódhinn lui parie qu'il ne s'en trouve pas de semblable au Jötunheimur. Hrungnir relève le défi avec son cheval, Gullfaxi

(« crinière d'or »), et se met à galoper derrière Ódhinn sans parvenir toutefois à le rattraper. Arrivé à Ásgardhur, la demeure des dieux, il est invité à boire, mais il s'enivre. Il prétend emporter le palais des dieux, la *valhöll*, jusqu'au Jötunheimur, précipiter Ásgardhur dans la mer, et occire tous les dieux à l'exception des déesses Freyja et Sif, qu'il compte enlever dans un second temps.

Les dieux font alors appel à Thór pour chasser l'impudent, mais comme Hrungnir n'est pas armé, on décide qu'un duel aura lieu à Grjótunargardhur (« demeure du jet de pierres »). Thór se présente avec son serviteur, Thjálfi. Leur adversaire est Hrungnir, dont le cœur est en pierre (avec trois cornes saillantes comme le signe magique qui a été fait depuis à son imitation et qui est appelé « cœur de Hrungnir » ; ce symbole magique est une sorte de triskèle gravé sur des pierres runiques et ressemble à trois triangles qui se chevauchent), et un géant artificiel en argile, dont le cœur est celui d'une jument et qui s'appelle Mökkurkálfi (« mollet de brume »).

Thjálfi prévient Hrungnir que Thór va l'attaquer par-dessous. Du coup, Hrungnir se tient debout sur son bouclier. Thór lance Mjöllnir, son marteau, et Hrungnir riposte avec sa pierre à aiguiser qui se brise sur le marteau. Un éclat pénètre dans le crâne de Thór, qui s'écroule. Les autres éclats tombent à terre. C'est là l'origine des carrières.

Thjálfi tue Mökkurkálfi, qui tombe sans gloire, et Mjöllnir fracasse la tête de Hrungnir. Mais lors de la chute, l'une des jambes de ce géant vient reposer sur Thór, qui se trouve ainsi prisonnier. C'est Magni, âgé de trois ans, qui vient délivrer son père. La voyante Gróa, à la joie de retrouver son mari, oublie de prononcer les incantations nécessaires à la guérison de Thór. Voilà pourquoi le morceau de pierre à aiguiser est toujours dans la tête de Thór, dont les maux de tête perdurent.

*

LANDVÆTTIR

Esprits tutélaires

Ce sont littéralement les « gardiens du pays ». Ils sont bien plus liés au sol, à la terre, au pays et au bien-être de ses habitants que les alfes (dénaturés aujourd'hui par erreur en « elfes »). Ils vivent dans les bosquets, les tertres et les cascades. Les *landvættir* sont toutes sortes d'êtres surnaturels qui habitaient le pays à l'arrivée des colonisateurs de l'Islande et qui le défendaient, nous dit la *Saga d'Egill, Fils de Grímur le Chauve*. Au chapitre LVII, elle raconte ce qui va suivre.

Lors de ses démêlés en Norvège avec le roi Éric à la Hache sanglante, fils de Haraldur à la Belle Chevelure, Egill décide de s'enfuir en Islande, mais auparavant, il dresse un piquet d'infamie (*nídhstöng*) à l'encontre de son ennemi.

Il s'agit d'un ensemble d'opérations magiques et diffamatoires qu'on appelle *nídh* et qui consiste à empaler une tête de cheval sur un pieu installé dans la fente d'un rocher. Ce faisant, Egill prononce ces paroles : « J'érige ici un piquet d'infamie, et je le tourne contre le roi Eiríkur et la reine Gunnhildur ; je tourne ce *nídh* contre les esprits tutélaires qui habitent ce pays, afin qu'ils s'égarent et que nul ne s'y retrouve avant qu'ils aient chassé du pays le roi Eiríkur et Gunnhildur. »

Ayant gravé des runes sur le pieu, il tourne la tête du cheval vers l'intérieur des terres, puis il répète les mêmes paroles avant de s'embarquer pour l'Islande. La scène se passe vers 940. Le plus étonnant est que la malédiction est suivie d'effet : le roi Eiríkur et la reine Gunnhildur sont chassés de Norvège par un frère d'Eiríkur, Hákon

Adhalsteinsfóstri (connu sous le nom de Hákon le Bon dans une saga qui lui est consacrée).

Les *landvættir* de l'Islande sont mentionnés dans un passage de la « Saga d'Ólafur Tryggvason » (*Ólafs saga Tryggvasonar*, chap. XXXIII) :

« Haraldur Gormsson [mort en 986], roi des Danois, apprit que le *jarl* Hákon avait rejeté la religion chrétienne et dévasté le Danemark en maint endroit. Alors il leva une armée et s'en alla en Norvège dévaster les terres du *jarl* (homme de haut rang venant immédiatement après le roi) Hákon, ravageant tout sur son passage. Il arriva dans des îles appelées Sólundir. Seules cinq fermes n'avaient pas encore été brûlées dans le Sogn et les gens s'enfuirent tous dans les montagnes et les forêts, emportant tout ce qu'ils pouvaient transporter. Le roi des Danois voulut envoyer une flotte en Islande pour qu'elle le venge de l'infamie que lui avaient infligée tous les Islandais. Ceux-ci avaient édicté une loi faisant obligation à tous de composer une strophe infamante sur le roi des Danois. La cause en était qu'un bateau islandais avait fait naufrage au Danemark et que les Danois avaient confisqué tous les biens, disant qu'il s'agissait de biens échoués sur leur territoire et donc qu'ils leur appartenaient. Celui qui commandait les Danois était l'intendant du roi, un certain Birgir. Un poème infamant avait été composé sur lui et le roi.

« Le roi ordonna à un homme versé dans la magie d'aller en Islande sous une autre apparence pour tenter de savoir ce qu'il en était. Celui-ci se transforma en baleine. Mais lorsqu'il arriva dans le pays, il se dirigea vers le nord-ouest. Il vit que les montagnes et les collines étaient pleines de *landvættir*, dont certains étaient grands et les autres petits. Mais lorsqu'il arriva devant Vopnafjördhur, il entra dans le fjord avec l'intention d'y accoster. Mais de la vallée surgit un dragon de grande taille suivi de nombreux serpents, crapauds et lézards qui se mirent à souffler leur venin sur lui. Et il prit le large pour s'en aller dans le nord du pays, dans l'Eyjafjördhur. Il y entra en longeant ce fjord. Là-dessus vint à sa rencontre un oiseau tellement grand que ses ailes touchaient les montagnes des deux côtés du fjord et il était suivi d'une foule d'autres oiseaux, des grands et des petits. Il s'en alla ensuite en direction de l'ouest en faisant le tour du pays et arriva au sud-ouest dans le Breidhafjördhur. Il se dirigea à l'intérieur de ce fjord. Puis apparut un grand taureau qui s'avançait dans la mer en poussant de terribles mugissements. Une foule de *landvættir* le suivaient. Il s'en alla au sud, contournant Reykjanes, et voulut aller à terre à Víkarsskeidh[1]. C'est à ce moment qu'arriva vers lui un géant des montagnes qui tenait une barre de fer à la main. Sa tête dépassait les montagnes et beaucoup d'autres géants étaient avec lui.

« De là, il s'en alla à l'est en longeant le pays. "Il n'y avait là que du sable et des déserts, d'énormes vagues sur l'immensité de la mer, dit-il, si bien qu'il est impossible aux longs bateaux de passer." Les *landvættir* étaient Brodd-Helgi dans le Vopnafjördhur, Eyjólfur Valgerdharson dans l'Eyjafjördhur, Thórdhur Gellir dans le Breidhafjördhur, et Thóroddur Godhi dans l'Ölfus. Ensuite, le roi des Danois longea le pays par le sud, rentra au Danemark, mais le *jarl* Hákon fit peupler tout son pays et ne paya ensuite plus aucun impôt au roi des Danois. »

Les *landvættir* figurent actuellement dans les armoiries de la république d'Islande. Ce sont le dragon (pour l'est du pays), le griffon (pour le nord), le taureau (pour l'ouest) et le géant des montagnes (pour le sud). Ces figures se tiennent sur un bloc de lave :

---

1. Sur la côte sud-ouest, à l'ouest de l'embouchure de la rivière Ölfusá.

On aura remarqué la similitude avec les figurations chrétiennes des quatre évangélistes : le géant (un homme pour saint Matthieu), le taureau (un bœuf pour saint Luc), le dragon ailé (un lion pour saint Marc), et le griffon ou aigle (pour saint Jean). Comme les alfes, les *landvættir* ont survécu à la conversion au christianisme sous la forme de superstitions populaires (*huldufólk*, *ásatrú*).

*

LOKI FAIT UN ESCLANDRE

Les dieux en prennent pour leur grade

La *Lokasenna* (« Esclandre de Loki ») est un poème de l'*Edda* qui met en scène Loki, le trouble-fête, tournant les dieux en dérision. Les dieux sont réunis pour une beuverie dans la grande salle du géant Ægir (« océan ») et Loki, après une tentative infructueuse, réussit à se faire admettre à l'intérieur.

Sans la moindre retenue, il se répand alors en sarcasmes sur tous les dieux.

Par exemple, Freyja est accusée de nymphomanie. Njördhur vient au secours de sa fille en faisant grossièrement allusion à la naissance de Sleipnir, donc au caractère efféminé de Loki, lequel avait pris la forme d'une jument que l'étalon du géant maître bâtisseur avait saillie. Celui-ci lui lance alors des propos venimeux et déclare à Njördhur que les filles du géant Hymir le « prirent pour pissoir et lui urinèrent en gueule » (strophe 34). Loki l'accuse aussi d'inceste : Njördhur aurait engendré Freyr avec sa sœur. Il est vrai que les Vanes pratiquaient couramment l'inceste.

Idhunn est accusée d'être la plus libidineuse des femmes et d'avoir couché avec le meurtrier de son frère.

Ódhinn traite Loki de fou furieux, mais ce dernier se met immédiatement à invectiver le dieu suprême, lui reprochant d'être injuste quand il confère la victoire, de pratiquer la magie, art réservé aux femmes, etc.

Finalement, c'est Thór, revenant d'une expédition à l'est contre les géants, qui chasse l'impudent Loki en le menaçant de le frapper avec Mjöllnir, son marteau étincelant.

LOKI, TRUBLION ET BIENFAITEUR DES DIEUX

Les nains au travail

Avec habileté, Loki va s'arranger pour faire fabriquer aux dieux des objets précieux dont ils seront fiers et qui leur serviront beaucoup.

Un jour, pour s'amuser, il coupe les cheveux de la déesse Sif. L'époux de celle-ci, Thór, empoigne Loki et le menace de lui broyer tous les os. Mais Loki lui jure qu'il fera faire par les alfes noirs (les nains) pour Sif des cheveux d'or qui pousseront comme une vraie chevelure. Il va donc trouver les fils d'Ívaldi (un nain), qui lui fabriquent trois objets précieux, à savoir la lance Gungnir, qui ne manque jamais son but, pour Ódhinn ; les cheveux d'or pour Sif, qui pousseront dès qu'ils seront sur sa tête ; enfin pour Freyr, le bateau Skídhbladhnir, qui a toujours bon vent et qui peut se replier pour tenir comme un mouchoir dans la poche.

Ensuite, avec un autre nain, Brokkur, il parie sa propre tête que Sindri, frère de Brokkur, n'est pas aussi habile que les fils d'Ívaldi. Bien que Loki fasse tout pour gêner Brokkur, qui manie le soufflet, et Sindri, qui travaille la forge, ce dernier réussit à fabriquer l'anneau d'or Draupnir, qui toutes les neuf nuits dégoutte huit autres anneaux de même poids que lui, pour Ódhinn ; le marteau Mjöllnir, qui frappe n'importe quoi, atteint toujours son but et revient toujours dans la main, pour Thór ; et le sanglier Gullinborsti (« soies d'or ») dont, comme son nom l'indique, les soies sont en or et qui éclaire le jour et la nuit, courant à travers les airs et les eaux, pour Freyr.

Brokkur et Loki s'en retournent chez les Ases avec chacun son lot d'objets. Ódhinn, Thór et Freyr jugent que le marteau est la meilleure défense contre les géants des frimas et déclarent Brokkur vainqueur. Aussitôt, Loki offre de racheter sa tête. Comme Brokkur refuse, Loki s'échappe grâce à des chaussures qui lui permettent de courir dans les airs et dans l'eau. Le nain demande à Thór d'attraper Loki, ce qui est fait sur-le-champ. Brokkur veut alors trancher la tête de Loki, mais celui-ci prétend avoir engagé sa propre tête, mais pas son cou ! Brokkur lui coud finalement la bouche avec une courroie et une alêne.

⁕

LYCANTHROPIE

Gare au loup-garou !

Le loup-garou (allemand moderne *Werwolf* : « homme-loup ») est l'homme transformé en loup. Les croyances en des métamorphoses animales étaient fort répandues en Europe aux environs de l'an mille. Cette croyance-là semble bien correspondre aux métamorphoses animales des cultes d'Ódhinn : les guerriers-fauves et la Chasse sauvage.

Elle remonterait ainsi à des cultes métamorphiques. Par exemple, le grand-père d'Egill, le héros de la saga qui porte son nom (*Egils saga Skallagrímssonar*), s'appelle « Loup du Soir » (Kveld-Úlfur). La saga dit de lui qu'il se métamorphose en loup la nuit venue et qu'il est alors très dangereux. Cette capacité de métamorphose fait que l'intéressé est qualifié de *hamrammur* : « puissant par sa forme », en raison de sa capacité à changer de forme. Son petit-fils Egill, fils de Grímur le Chauve, héritera de lui un caractère irascible et imprévisible.

Le nom de Kveld-Úlfur survit encore aujourd'hui dans notre « guilledou ». « Courir le guilledou » signifie en effet « aller en quête d'aventures galantes », et l'expression du XVIe siècle est « courir le guildrou », que l'on doit sans doute rapprocher de la locution : « avoir vu le loup », laquelle était appliquée aux jeunes filles qui avaient « couru ». Le guilledou est donc le loup du soir, mais ce n'est là qu'une interprétation parmi d'autres.

MÍMIR

En tête à tête avec le dieu de la tête

Ódhinn va chercher conseil à la source de Mímir, qui se trouve sous la racine d'Yggdrasill menant chez les « géants des frimas ». Mímir est un homme extrêmement sage, car l'eau de la source, qu'il boit avec la corne Gjallarhorn, lui confère la sagesse. Lors des *ragnarök*, Ódhinn va chercher conseil auprès de Mímir.

En effet, après la guerre entre les Ases et les Vanes, les Ases donnent Mímir en otage pour servir de conseiller à Hoenir. Mais les Vanes s'aperçoivent que, sans Mímir, Hoenir ne sait rien faire. Ils décapitent Mímir, puisque c'est lui l'important, et envoient sa tête aux Ases. Avec des herbes et des charmes magiques, Ódhinn la préserve de la décomposition et continue à en tirer des informations secrètes et des renseignements sur l'autre monde.

MJÖLLNIR

Quand Thór joue les travestis

Un jour, Thór se réveille et s'aperçoit qu'on lui a subtilisé son marteau, Mjöllnir (« concasseur »). Il sollicite de Freyja son habit de plumes afin que Loki s'en revêtisse et se mette à la recherche du marteau volé. Sous la forme du faucon de Freyja, Loki arrive au monde des géants, dont le souverain, Thrymur (« grondant »), lui apprend qu'il est lui-même l'auteur du larcin, qu'il a caché le marteau à huit lieues sous terre, et qu'il ne le rendra que si on lui donne pour femme la belle et affriolante Freyja.

Loki transmet le message aux Ases, qui en frémissent d'indignation. Furieuse, Freyja refuse catégoriquement ce marché, et Heimdallur propose un subterfuge dans lequel Thór devrait se déguiser en fiancée. Thór hésite : il ne veut pas qu'on puisse le traiter de *argur*. C'est là un adjectival[1] qui s'applique à l'homosexuel passif, celui qui joue le rôle de la femme et qui ne correspond donc pas à sa nature. Dans le Nord ancien, c'est la pire injure qui soit. Alors Loki fait valoir que si Thór ne se prête pas à cette comédie, il ne récupérera jamais son marteau et les géants éliront domicile à Ásgardhur. Thór se laisse convaincre et se déguise en fiancée.

Accompagné par Loki, c'est donc déguisé en servante et portant un voile qu'il se rend chez Thrymur, où on leur offre l'hospitalité. En un temps record, la « fiancée » engloutit un bœuf, huit saumons, et vide trois tonneaux d'hydromel. À l'étonnement de Thrymur, Loki répond que Freyja n'avait rien mangé depuis huit nuits, tant elle désirait le voir. Thrymur se penche sous le voile pour embrasser sa promise, mais la flamme féroce qu'il découvre dans ses yeux le fait reculer *illico presto*. Loki explique que Freyja n'a pas dormi huit nuits durant, tant elle désirait le voir.

Afin que les fiancés soient consacrés, Thrymur ordonne d'apporter le marteau qui, selon le rituel païen de fécondité, doit être déposé sur les genoux de la vierge. Les fiancés sont censés prêter serment sur Vár, déesse secondaire qui préside aux noces. Quand il reconnaît Mjöllnir, Thór bondit de joie, s'en empare immédiatement et s'empresse d'envoyer *ad patres* Thrymur et tous les autres géants présents qui ne nuiront plus à personne. L'ordre du monde est sauf.

---

1. Adjectif qui ne peut se mettre au comparatif de supériorité, sauf au sens abstrait ou par ironie.

NÓTT

La reine de la Nuit

Fille du géant Nörfi, Nótt épousa d'abord Naglfari dont elle eut un fils, Udhur, avant d'épouser Annar, dont elle eut une fille, Jördh (« terre »). Elle fut par la suite encore mariée à Dellingur (« éclatant »), dont elle eut un fils, Dagur (« jour »). Ódhinn lui offrit un char et un cheval, Hrímfaxi (« crinière de givre »), pour qu'elle puisse se déplacer autour de la terre selon un rite immuable. C'est elle qui, la première, effectua le parcours, avant que Dagur lui succède. De l'écume de la bouche de son cheval tombe la rosée qui abreuve la terre.

ODDRÚN

Chagrin d'amour

Borgný, la fille du roi Heidhrekur, a une grossesse difficile et Oddrún, grâce à des formules magiques, parvient à la faire accoucher de deux enfants : un garçon et une fille. Oddrún, fille d'Atli, raconte alors sa vie à Borgný : elle a été l'amante de Gunnar, fils de Grímhildur. Atli lui a demandé, avant de mourir, qu'elle aille porter son or à Gunnar. À Brynhildur, il a ordonné de devenir une valkyrie et de porter le heaume. Quand Brynhildur eut vent de la duperie (elle aurait dû épouser Sigurdhur au lieu de Gunnar), Sigurdhur fut tué, et Brynhildur se laissa mourir. Quant à elle, Oddrún, elle put aimer Gunnar en secret. Mais son père, Atli, ne voulait pas de Gunnar pour gendre. Or les hommes d'Atli les surprirent tous les deux au lit. Gunnar et Oddrún achetèrent leur silence avec de l'or. Mais ces hommes s'empressèrent de mettre Atli au courant de cette liaison interdite. Högni, frère de Gunnar, eut le cœur arraché et Gunnar fut jeté dans une fosse aux serpents en l'absence d'Oddrún. Il joua de la harpe en attendant qu'Oddrún vienne le secourir. Elle se dépêcha, mais Grímhildur, mère d'Atli, se métamorphosa en serpent venimeux pour piquer Gunnar au cœur. Oddrún ne put sauver son amour.

Elle ne peut que se lamenter de ne pas avoir pu réaliser son désir. À la fin de ses lamentations, elle s'adresse à Borgný en employant une périphrase scaldique (une *kenning*) en l'appelant « Bil de la couche du serpent », Bil étant le nom d'une déesse et « couche du serpent » désignant l'or, le trésor sur lequel le serpent, c'est-à-dire le dragon, Fáfnir, se couche pour le garder. Ainsi la déesse de l'or (qui porte de l'or, donc des bijoux) est une femme, en l'occurrence son interlocutrice : Borgný.

ÓDHINN BANNI

Nul n'est prophète en son pays

Vili et Vé gouvernaient le pays en l'absence de leur frère, Ódhinn. Or, ce dernier tardant à revenir, on en vint à considérer son retour comme improbable. Les deux frères se partagèrent ses biens et mirent en commun Frigg, sa femme. Mais un peu plus tard, Ódhinn rentra et reprit sa femme.

Une autre version de l'histoire présente cet exil comme volontaire : Frigg s'étant donnée à un serviteur, Ódhinn, roi de Byzance, s'exile volontairement. Pendant son absence, Mythotyn le magicien s'empare du pouvoir, mais s'enfuit en Fionie et, une fois Ódhinn de retour, est finalement tué par les habitants de cette région.

Un autre récit affirme qu'Ódhinn, après avoir vainement essayé de séduire la géante Rinda, parvient à ses fins grâce à un subterfuge infâme : La voyante Vala avait prédit à Ódhinn que le vengeur de Baldur chargé d'accomplir la vengeance exigée pour la mort de ce dieu lumineux et bon devait être de son propre sang et de celui de la belle Rinda, une géante fille de roi. Lorsque tout espoir eut disparu de jamais revoir Baldur suite à la chevauchée infructueuse de Hermódhur jusqu'au domaine de la déesse Hel, Ódhinn se rendit au pays des Ruthènes chez Billingur, le père de Rinda. Il se présenta en guerrier, offrit ses services et accomplit des prouesses, de sorte que Billingur le nomma général et lui promit la main de sa fille. Seulement, celle-ci refusa tout net et souffleta même ce prétendant trop entreprenant. Ensuite, Ódhinn joua le rôle d'un orfèvre fortuné, mais il fut éconduit de même. Puis il revint en fringant chevalier à la fête de la cour, mais lorsqu'il demanda un baiser à la prude Rinda, il reçut une bourrade qui le fit tomber à genoux. Finalement, il prit la forme d'une jeune fille et servit fidèlement la princesse, puis avec sa baguette magique, il lui infligea une grave maladie. Il assuma alors le rôle du médecin, la guérit et obtint la main de Rinda reconnaissante. Leur fils, Váli, devint un vigoureux jeune homme et un excellent archer qui abattit Hödhur, le frère aveugle qui craignait la lumière et qui fut aussi le meurtrier involontaire de Baldur, dieu lumineux. Váli acquit ainsi le statut de dieu printanier de la lumière qui éclipsa le sombre Hödhur symbolisant l'hiver. À cause de cette ignominie, il fut banni pour dix ans par les autres dieux. Pendant ce temps, un certain Ollerus (Ullur) prit le pouvoir. Lorsque Ódhinn revint de Byzance, la demeure primitive des Ases, Ollerus s'en alla en Suède et finit par se faire tuer par des Danois.

ÓDHINN RAILLE THÓR

Père et fils

Tout en haillons, Thór revient de chez les géants et arrive à une rivière qu'il lui faut franchir. Le passeur, Hárbardhur (« barbe grise »), qui n'est autre qu'Ódhinn, lui refuse ses services. Il se gausse sans retenue de Thór qu'il fait passer pour un lourdaud, tandis que lui-même fait sans vergogne étalage de ses aventures amoureuses. À la question lancinante : « Que faisais-tu pendant ce temps-là ? », Thór ne peut qu'opposer les prouesses guerrières qu'il accomplit contre les géants et lui retourne finalement la question. Ódhinn continue de se prévaloir de ses conquêtes féminines et insulte grossièrement Thór, qui ne se laisse pas faire. Hárbardhur a cette phrase mordante : « À Ódhinn reviennent les *jarls* [chefs], qui tombent au combat, et à Thór la race des esclaves. » Ódhinn règne sur l'élite, tandis que Thór n'est bon que pour le bas peuple ! Cela étant, Thór se voit tout de même contraint de faire un grand détour pour rentrer.

OR D'ANDVARI

Le métal maudit

Dans l'*Edda* (« Dits de Reginn »), cette malédiction proférée par le nain Andvari (Alberich chez Richard Wagner) à l'encontre de l'anneau apportera la mort à quiconque le possède. C'est, avec celui de Sigurdhur, le thème majeur qui domine le cycle héroïque dans l'*Edda* et chez Richard

Wagner (1813-1883) avec Siegfried dans la tétralogie de *L'Anneau du Nibelung*.

Après avoir assassiné son père, Fáfnir s'empare du trésor, se transforme en dragon et se couche sur l'or pour le garder en sûreté. Ensuite, le nain Reginn forge pour Sigurdhur une épée extraordinaire, Gramr, et lui conseille d'aller au plus vite abattre Fáfnir à l'aide de cette épée.

Cependant, la malédiction de l'or va jouer à plein et précipiter les personnages dans la catastrophe. Tous ceux qui auront possédé l'or mourront jusqu'à ce qu'il retourne au fond du Rhin, chez les Filles du Rhin d'où il a été arraché.

*

ORDALIE

L'amour à toute épreuve ?

Il existe plusieurs versions de cette légende.

Dans la forêt, Gudhrún pleure à l'endroit où Sigurdhur a été tué. Le roi Thjódhrekr a perdu la plupart de ses hommes. Gudhrún et lui se lamentent sur leur sort. Grimhildur, mère de Gudhrún, lui verse un philtre d'oubli (« Second Chant de Gudhrún »).

Après avoir pleuré sur le cadavre de Sigurdhur, Gudhrún s'exile au Danemark, tandis que Brynhildur, inconsolable, fait tuer huit esclaves et cinq servantes avant de se transpercer la poitrine de son épée (« Premier Chant de Gudhrún »).

Gudhrún épouse Atli et donne naissance à deux fils, Erpur et Eitill. Or Atli a une servante qui s'appelait Herkja, et qui a été sa concubine. Elle dit un jour à Atli qu'elle a vu ensemble Thjódhrekur et Gudhrún, ce qui provoque la colère d'Atli. Alors, Gudhrún chante qu'elle n'a fait que parler de son chagrin à Thjódhrekur sans rien faire d'inconvenant. Elle demande l'ordalie, qui consiste à plonger la main au fond d'un chaudron plein d'eau bouillante afin d'en retirer une pierre réputée sacrée. Elle réussit à retirer la pierre sans se brûler et est donc déclarée innocente. Atli éclate de rire et ordonne à Herkja de plonger la main dans le chaudron ; celle-ci se brûle. Herkja est alors noyée dans un marais, conformément à la coutume germanique.

*

RAGNAR LODHBRÓK

Un héros mythique

Le Norvégien Heimir est le père nourricier de Brynhildur. Celle-ci lui confie sa fille Áslaug qu'elle a eue avec Sigurdhur, meurtrier du dragon Fáfnir. Cachée dans une harpe, cette petite fille voyage avec Heimir. Malheureusement, les pauvres paysans qui les hébergent soupçonnent Heimir de dissimuler un trésor dans sa harpe et le tuent. Découvrant la petite et sa beauté extraordinaire, ils se doutent que personne ne croira que c'est leur fille. Ils la traitent et la font travailler comme une esclave, lui donnant pour nom Kráka, c'est-à-dire « corneille ». Pour être un « nom d'oiseau », il n'en est pas pour autant déshonorant…

Pendant ce temps, dans le Gautland, le *jarl* (homme très important juste en dessous du roi ; à rapprocher de l'anglais *earl*, « comte ») Herraudhur a fait cadeau à sa fille Thóra d'une couleuvre. Cette dernière ayant grandi, elle devient un effroyable dragon qui fait que personne n'ose fréquenter la jeune fille. Le *jarl* fait savoir à tous que celui qui le débarrassera de ce monstre obtiendra la main de sa fille.

Fils d'un roi danois, Ragnar Lodhbrók (« Ragnar aux braies velues »), ayant entendu parler de la jeune fille, se fait confectionner des braies velues et un manteau afin de se protéger du dragon. Il tue le monstre, et épouse Thóra, laquelle meurt quelques années plus tard. Ragnar en conçoit un grand chagrin et part en expédition viking pour acquérir richesse et renom.

Un jour qu'il croise le long des côtes norvégiennes, il découvre Kráka sur la terre ferme et tombe amoureux d'elle. Ils ont quatre fils, dont l'aîné s'appelle Ívar. Eiríkur et Agnar, les fils qu'il a eus avec Thóra, sont eux aussi devenus Vikings. Lors d'un passage à Uppsala (Suède), un ami de Ragnar lui offre sa fille pour épouse. Ragnar cède, car ses hommes voient d'un mauvais œil qu'il reste, croient-ils, avec une épouse de basse extraction. Il se fiance donc avec Ingibjörg. Mais quand Áslaug l'apprend, elle lui révèle sa véritable identité. Ragnar est perplexe. Áslaug lui dit alors que Sigurdhur, le fils qu'elle met au monde, a dans l'œil le serpent (dragon) que son père Sigurdhur a tué jadis. Ragnar se rend à l'évidence et rompt ses fiançailles avec Ingibjörg.

Les fils de Ragnar et Thóra attaquent ensuite la Suède, sont capturés et meurent suppliciés. Áslaug incite ses fils à venger leurs demi-frères. Ragnar accompagne ses fils et se fait appeler Randalín. Les Danois remportent la victoire. Par la suite, ne voulant pas être en reste, Ragnar décide de s'en prendre à la terre des Angles (l'Angleterre) et part contre l'avis d'Áslaug. Elle lui donne toutefois un manteau magique censé le protéger des coups. La tentative de Ragnar échoue. Jeté dans la fosse aux serpents, il survit jusqu'au moment où le roi Ella lui fait enlever son manteau protecteur avant qu'il rende son dernier soupir.

Les fils de Ragnar sont furieux, et c'est Ívar qui paraît le plus résolu à venger leur père. En fondant la ville de Londres et en gagnant l'amitié de nombreux chefs des environs, il prépare sa vengeance. Son armée fait prisonnier le roi Ella qui est supplicié au moyen de l'aigle de sang : on lui entaille le dos en écartant et en faisant ressortir les côtes et les poumons pour les déployer comme des ailes d'aigle. Longtemps après, on raconte ces exploits. La gloire de Ragnar vivra longtemps.

Attention : Ragnar n'a rien à voir avec la série canado-américaine *Vikings* de Michael Hirst, dont le but n'est que de divertir en se moquant de la vérité historique. Pour une démystification des Vikings en général et de Ragnar en particulier, voir plutôt la vidéo qui leur est consacrée dans la série *On va faire cours* de Fabien Campaner, vidéo certes « déjantée », mais dont le contenu est rigoureusement exact.

RAGNARÖK

À quand la fin du monde ?

Le mot islandais *ragnarök* (toujours pluriel) signifie « destinées des puissances », autrement dit la fin du monde des dieux, des géants et des hommes, selon l'eschatologie nordique. Les *ragnarök* se caractérisent par cinq événements terribles :

(1) Le *fimbulvetr* ou « formidable hiver ». Il durera trois ans, sans étés intermédiaires. La neige tombera en abondance ; il y aura de grandes gelées et le vent sera glacé. Le soleil ne brillera plus. Pendant ces trois hivers surviendront de grandes guerres accompagnées d'une débauche inconnue jusqu'alors.

(2) Le soleil s'obscurcira, ciel et terre seront ébranlés. Le soleil sera englouti par un loup et un autre loup avalera la lune. Les étoiles disparaîtront du ciel. La terre entière tremblera, les montagnes s'écrouleront, toutes les chaînes, tous les liens se briseront et seront arrachés.

(3) Le loup Fenrir se déchaînera. Après son enchaînement par les dieux, moyennant le sacrifice de la dextre de Týr, la paix sera sauvée jusqu'à la fin du monde, moment où il se libérera, lui, ainsi que toutes les forces du chaos (le mal, chez les Nordiques), montant à l'assaut du monde des dieux et des hommes.

(4) Le serpent de Midhgardhur fera déferler la mer sur la terre. Le navire Naglfari (« nef onglée ») se détachera. Il sera fait des ongles des morts. C'est pourquoi il faut couper les ongles des morts, sans quoi ils donneront beaucoup de matière à Naglfari. Le géant qui le dirigera s'appellera (5) Surtur (« Noir »), qui provoquera le combat de la fin des temps et l'incendie cosmique. Gueule béante, le loup Fenrir, qui viendra de se détacher, attaquera le monde des hommes et des dieux (Midhgardhur et Ásgardhur). Le serpent de Midhgardhur crachera son venin. Yggdrasill tremblera, le pont Bifröst s'effondrera. Pour avertir les dieux, Heimdallur sonnera du cor Gjallarhorn (« cor tonitruant »). Ódhinn consultera la tête de Mímir et les dieux tiendront conseil. De toutes parts afflueront les puissances de l'autre monde. Le géant Surtur (« noir »), géant du feu qui habite le sud (Múspellsheimur), pays du feu et de la chaleur, conduira les fils de Múspell (le souverain du sud), son épée étincelante à la main. La bataille s'engagera furieusement sur le champ Vígrídhur (« endroit où le combat fait rage »). Tous les dieux, puissamment appuyés par la formidable armée des *einherjar*, troupes d'élite d'Ódhinn, se rueront au combat. Chaque dieu prendra personnellement part à la bataille, y compris Ódhinn.

Détail des opérations : Ódhinn se battra contre le loup Fenrir et se fera dévorer. Ce sera Vídharr (« celui qui règne sur un vaste domaine ») qui le vengera : il est le dieu taciturne, qui possède le puissant brodequin, fabriqué par les temps de toute éternité, lanières que l'on coupe aux chaussures, aux talons et aux orteils. Il faudra jeter ces languettes pour venir en aide aux Ases. Vídharr fondra sur le loup et, d'un pied, lui écrasera la mâchoire inférieure qui traînera jusqu'à terre. D'une main, il saisira la mâchoire supérieure et lui arrachera la gueule. Ódhinn sera vengé.

Thór parviendra à tuer le serpent de Midhgardhur, mais, asphyxié par le souffle méphitique du monstre, il fera encore neuf pas puis s'écroulera, mort.

Freyr, qui n'aura pas son épée (car il l'aura confiée à Skírnir), affrontera Surtur et périra.

Týr, le chien Garmur, Heimdallur et Loki s'entre-tueront.

Finalement, Surtur, en lançant des flammes sur la terre, provoquera l'incendie gigantesque qui détruira le monde entier.

Mais à ce cataclysme succédera le paradis, à la mort, la résurrection : la terre surgira de la mer et elle sera verte et belle, les champs porteront du fruit sans avoir été ensemencés. Vídharr et Váli vivront. Ils habiteront Idhavöllur (« plaine toujours jeune »), à l'emplacement d'Ásgardhur. Les fils de Thór, Módhi et Magni seront avec eux. Baldur et Hödhur reviendront de Hel. Ils discuteront paisiblement du passé. Le serpent Nídhöggur disparaîtra définitivement. Les hommes renaîtront de Líf (« vif ») et Lífthrásir (« vivace »), Sól (« soleil », féminin en norrois) donnera naissance à une fille aussi belle qu'elle.

Le Très-Haut (Ódhinn) invitera Gangleri (roi de Suède légendaire qui vient à Ásgardhur questionner les dieux sur l'origine et l'organisation du monde) à mettre à profit toutes les révélations qui lui auront été faites, et Gangleri se retrouvera tout seul au milieu d'une vaste plaine. Le château fort disparaîtra. Gangleri aura une vision, une extase, une hallucination, une fascination, d'où le titre de cette première partie de l'*Edda* en prose de Snorri Sturluson : la *Gylfaginning* (la « Fascination de Gylfi »).

RÍGUR OU HEIMDALLUR ?

La division de la société en trois classes

Le poème intitulé *Rígsthula* (« Poème mnémotechnique de Rígur ») pourrait être une adaptation d'un sujet irlandais. En effet, Rígur, comme Kjartan, Njáll ou Kormákur, est un nom celtique. Il met en scène le dieu mystérieux Heimdallur qui voyage en se faisant appeler Rígur (équivalent norrois du celtique *Rix*, « roi »). Dans chaque maison où il est hébergé, il reçoit l'hospitalité.

D'abord chez un couple âgé dont la femme accouche neuf mois plus tard d'un fils appelé Esclave qui, une fois adulte, perpétue la race des esclaves avec une fille dégingandée appelée Serve.

Ensuite chez un couple plus jeune, où se déroule le même scénario. Il engendre la race des hommes et des femmes libres.

Finalement, il engendre la race des nobles.

C'est l'occasion de donner des listes de noms des membres de ces trois classes sociales, et une manière de justifier la composition de la société.

ROI DES AULNES

Il n'est pas celui qu'on croit

On connaît le célèbre poème de Goethe intitulé *Erlkönig* (*Le Roi des aulnes*). Ce titre est dû à une erreur de traduction de Johann Gottfried Herder, théoricien du Sturm und Drang (« tempête et assaut », mouvement préromantique) en Allemagne, à partir du poème *Elvenkonge* (« Roi des elfes ») du romantique danois Adam Oehlenschläger.

Le roi des elfes, c'est en réalité Ódhinn, dieu terrible. Dans ce poème écrit en 1782 et mis en musique sous forme de *Lied* par Franz Schubert en 1815 et interprété pour la première fois en 1821, on reconnaît la démonisation d'Ódhinn, car ce roi est en effet le responsable de la mort du jeune garçon malade en proie au délire et que son père emmène à cheval à travers la nuit et le vent. Le baryton allemand Dietrich Fischer-Dieskau a donné de ce *Lied* une magnifique et saisissante interprétation.

En Scandinavie ancienne, les alfes (et non les charmantes petites créatures appelées « elfes ») sont des divinités secondaires de la fertilité-fécondité. À la fin du Moyen Âge et à l'époque moderne, les alfes se confondent avec les nains : ce sont les « gens cachés » (*huldufólk*). En islandais ancien comme en langue moderne, l'expression « aller chasser les alfes » (*ganga álfreka*) signifie : « aller faire ses besoins » ! Autrement dit, les excréments humains, qui constituent un excellent engrais, sont censés prendre la place des esprits tutélaires, qui sinon se chargent de fertiliser la terre…

RUNES

Des signes magiques ?

Les inscriptions runiques, dont l'origine remonte au Ier siècle après J.-C., figurent sur toutes sortes d'objets et sont utilisées à des fins très variées. On sait que les runes sont des caractères fabriqués par les Germains du Sud qui, au contact des Romains, se sont servis des alphabets des langues méditerranéennes et de symboles germaniques. C'était donc un alphabet comme un autre.

Jusqu'au VIIIe siècle, les runes constituent un alphabet de vingt-quatre signes dénommé d'après les six premiers : *f*, *u*, *th*, *a*, *r*, *k*, ou ancien *futhark*. Au VIIIe siècle, le *futhark* ne comprend plus que seize signes : c'est le nouveau *futhark*, qui tient compte de l'évolution de la langue et qui correspond à la période viking (environ 800-1066).

Caractères anguleux destinés à être gravés sur divers supports (corne, bois, métal, pierre, cuir), les runes étaient l'écriture courante des Scandinaves de l'époque viking, et les inscriptions runiques en nouveau *futhark* qui ornent mainte stèle ou pierre historiée sont les seuls témoignages écrits des Vikings eux-mêmes. Mais on pouvait aussi se servir des runes à des fins magiques (c'est ce que suggère l'étymologie du mot *rún*, qui signifie « mystère, secret, choses qu'on chuchote ou qu'on murmure ») : pour demander la victoire, il fallait graver trois fois la rune t (*t*, initiale de Týr, ancien dieu du ciel et de la guerre). Pour obtenir la chance et la richesse, il fallait graver sur un objet trois fois la rune f (*f*, initiale du vieux norrois *fé*, « propriété, richesse »).

Il était également possible d'utiliser les runes à des fins maléfiques. On sait que le dieu de la connaissance et de la magie des runes est Ódhinn. D'innombrables pierres runiques se trouvent en Scandinavie qui servent de pierres commémoratives ou de pierres tombales. Elles rappellent les exploits de tel ou tel Viking, mais elles peuvent aussi dire que les runes viennent des dieux.

L'ancien *fuþark* (*futhark*) à vingt-quatre signes a été utilisé par les Germains du Nord du IIe au VIIIe siècle après J.-C.

Le nouveau *fuþark* (ou *futhark* récent) à seize signes apparaît au VIIIe siècle comme une simplification du système due à l'évolution phonétique et phonologique du nordique.

ᚠ	ᚢ	ᚦ	ᚨ	ᚱ	ᚲ	ᚷ	ᚹ
f	u	þ	a	r	k	g	w
ᚺ	ᚾ	ᛁ	ᛃ	ᛇ	ᛈ	ᛉ	ᛊ
h	n	i	j	E	p	z (R)	s
ᛏ	ᛒ	ᛖ	ᛗ	ᛚ	ᛜ	ᛟ	ᛞ
t	b	e	m	l	ng	o	d

✷

SAGA DES VÖLSUNGAR

Les amours impossibles de Brynhildur et Sigurdhur

Le « Long Chant de Sigurdhur » (*Sigurdharkvidha hin meiri*) est perdu, mais la *Saga des Völsungar* (*Völsunga saga*, du nom de Völsi, descendant du dieu Ódhinn) permet de le restituer en grande partie.

Brynhildur aime Sigurdhur, qui répond à son amour, un amour malheureux car il arrive trop tard, lorsque Brynhildur est mariée à Gunnar et Sigurdhur à Gudhrún. Or, « dans une vie antérieure », Brynhildur et Sigurdhur ont été fiancés, mais Sigurdhur a oublié tout cela : Grímhildur, mère des frères burgondes Gunnar, Guttormur et Högni, et épouse de Gjúki, a fait boire à Sigurdhur un philtre d'oubli.

Ce dernier a donc épousé Gudhrún et non Brynhildur. De plus, il a accompagné Gunnar lorsque celui-ci est allé demander la main de Brynhildur. La vierge guerrière a été contrainte au mariage par son père Budhli, et c'est alors qu'elle a posé une condition que seul Sigurdhur pouvait remplir : traverser la muraille de flammes qui entoure sa demeure. Lorsque le prétendant s'est approché et qu'apparemment ce n'était pas Sigurdhur (à qui Grímhildur a enseigné comment prendre l'apparence de Gunnar), elle a été bouleversée, mais a fini par se résigner. Elle a donc épousé Gunnar.

Puis le philtre a perdu son effet, les sentiments de Sigurdhur se sont réveillés, et Gudhrún a cherché à présenter à Brynhildur son mariage avec Gunnar sous un jour favorable. Mais celle-ci était par trop courroucée par la supercherie de Grímhildur. S'ensuivit une violente querelle entre les deux belles-sœurs, qui révéla le secret du changement d'apparence. Brynhildur s'expliqua avec Gunnar, mais sa fureur fit que Gunnar craignit pour sa propre vie. Seul Högni réussit à la maîtriser en l'attachant.

Enfin, Sigurdhur apparut pour lui parler. Leur ancien amour s'enflamma de nouveau, et Sigurdhur exigea de Brynhildur qu'elle lui appartînt. Ce fut ce qui déclencha la réponse de Brynhildur : « Je ne veux pas avoir deux maris dans la même salle. » Sigurdhur la quitta, profondément ému : sa poitrine se gonflait tant que sa broigne éclata. Il comprit tout de suite le choix de Brynhildur : lui, Sigurdhur, devait mourir et ensuite, ce serait son tour à elle. Ils seraient réunis dans l'autre monde. Guttormur hésita à trois reprises avant de s'approcher du lit et de transpercer Sigurdhur de sa lance.

✳

SIEGFRIED

La légende allemande du tueur de dragon

Siegfried était le fils d'un roi originaire de Xanten, ville sise sur le cours inférieur du Rhin, près des Pays-Bas. Un jour, il quitta son pays natal et arriva dans une grande forêt où il y avait une forge. Mime, le forgeron, cherchait un compagnon et dit à Siegfried : « Montre-moi quelle est ta force ! » Siegfried se mit à frapper sur une barre de fer incandescente avec une telle violence qu'elle se brisa en mille morceaux et que l'enclume s'enfonça profondément dans le sol. Le forgeron prit peur et décida de se débarrasser de ce dangereux compagnon. Il l'envoya dans la forêt abattre des arbres et en faire du charbon de bois. Or Mime savait que dans cette forêt vivait un terrible dragon. Lorsque Siegfried vit le monstre, il se saisit d'un tronc d'arbre et abattit la bête, dont le sang jaillit de ses nombreuses blessures. Siegfried se baigna dans ce sang et, ô miracle, sa peau devint dure comme de la corne. Mais il ne s'aperçut pas qu'une feuille de tilleul était tombée entre ses omoplates : ce fut à cet endroit précis que son corps demeura vulnérable. Fièrement, Siegfried retourna à la forge et expédia Mime *ad patres*, avant de s'en aller par le vaste monde en quête de nouvelles aventures.

Il possédait une cape magique dont il avait dépouillé des nains détenteurs d'un immense trésor. Ces nains sont les Nibelungen, dont le nom convoie l'idée de brouillard (*der Nebel*, en allemand), étant donné qu'ils vivent dans les cavernes et les entrailles de la terre, forgeant toutes sortes de métaux précieux. Cette cape avait la propriété extraordinaire de le rendre invisible. Or, tout juste marié à la belle Kriemhild, sœur du roi des Burgondes Gunther, Siegfried ne connut qu'un bonheur de courte durée. L'épouse de Gunther, Brünhild, devint jalouse de Kriemhild. Elle envoya le féal sujet de Gunther, Hagen, à Xanten pour demander l'aide de Siegfried, car les Danois menaçaient le royaume des Burgondes. Hagen dit à Kriemhild : « Je ne voudrais pas qu'il arrive malheur à ton mari au cours de cette expédition. Je me tiendrai près de lui et le protégerai avec mon écu dans les combats afin qu'il ne soit pas atteint entre les omoplates. Pour cela, indique-moi l'endroit précis où il est vulnérable en cousant par exemple une petite croix sur son vêtement. » Le lendemain, les Danois semblent avoir renoncé à leur attaque. On organise alors une chasse. Vers midi, les chevaliers, qui ont déjà abattu quantité de gibier, commencent à avoir soif, car il fait très chaud. On a oublié le vin... « Je connais une source à proximité », déclare alors Hagen. Siegfried, plus rapide que les autres, arrive le premier à la source. Il s'agenouille pour s'y désaltérer. C'est alors que Hagen le transperce avec sa lance. Les chevaliers accourent auprès de Siegfried qui meurt. Tous pleurent sa mort, sauf, bien sûr, Hagen.

*

SIGURDHUR

Quel CV !

La « Prédiction de Grípir » (*Grípisspá*) est un poème de l'*Edda* qui raconte, sous la forme d'un dialogue, comment Grípir prédit l'avenir à son neveu, le jeune Sigurdhur, descendant d'Ódhinn. Nous obtenons un *curriculum vitæ* complet qui repose sans aucun doute sur les autres poèmes héroïques de l'*Edda*. Sigurdhur apprend en effet les détails de sa destinée.

Il sera l'homme le plus magnifique et le plus glorieux sous le soleil, car il est brave. Il vengera son père et abattra les fils de Hundingur. Il tuera le dragon Fáfnir et le forgeron Reginn, lequel voulait sa mort. Il conquerra le trésor du dragon et ira trouver le roi Gjúki, père de Gudhrún (chez les Allemands : Kriemhild). Il ira ensuite éveiller la belle Brynhildur qui dort sur une montagne entourée d'une muraille de flammes. Puis Brynhildur lui enseignera les runes et l'art de guérir. Il s'éprendra d'elle et lui fera des serments qu'il rompra, et il oubliera Brynhildur à cause d'un philtre que lui fera boire Grimhildur, mère de Gudhrún. Il sera trahi, et Grimhildur lui donnera sa propre fille pour femme. Grimhildur lui demandera au nom de Gunnarr, son fils, de briguer la main de la belle Brynhildur. Les trois beaux-frères, Sigurdhur, Gunnarr et Högni, se prêteront tous serment de fidélité et assistance entre eux. Gunnarr et lui échangeront leurs apparences et, sous l'apparence de Gunnar, il se fiancera à Brynhildur. Sur la montagne, il reposera auprès de la vierge comme si elle était sa mère, il célébrera son mariage avec Gudhrún, tandis que Gunnar épousera Brynhildur comme prévu. Brynhildur se plaindra, découvrira la supercherie et cherchera à se venger. Elle accusera Sigurdhur de trahison auprès de Gunnar et exigera sa mort. Toutefois, c'est par dépit que Brynhildur manigancera tout cela. Le cœur de Gudhrún deviendra cruel après que Sigurdhur aura été assassiné par les frères de celle-ci, et c'est Grimhildur qui sera la cause de tout cela. Il n'y aura jamais homme plus noble que Sigurdhur sur la terre (strophes 7 à 52). Excusez du peu !

Sigurdhur sait donc par le menu ce qui l'attend. Il incarne le type même du héros germanique qui, instruit de son destin, l'accomplira consciemment et activement. Son honneur consiste à connaître, accepter et surtout assumer ce destin. Après cette prédiction, Sigurdhur fera la connaissance du forgeron Reginn.

*

SIGURDHUR DANS L'*EDDA*

Héros sans peur et sans reproche

Le « Fragment du Chant de Sigurdhur » raconte comment Brynhildur demeure endormie au sommet d'une colline entourée d'une muraille de flammes. Seul celui qui pourra franchir cet obstacle deviendra son époux.

Sigurdhur est chargé par Gunnar, frère de Gudhrún, de demander la main de Brynhildur. Lorsque le coursier de Gunnar renâcle devant les flammes, Sigurdhur change de forme avec Gunnar, pénètre dans l'enceinte de Brynhildur et repose trois nuits auprès d'elle, l'épée nue posée entre eux : il respecte sa virginité. Par la suite, Gudhrún épousera Sigurdhur et Brynhildur épousera Gunnar.

Mais très vite, Brynhildur subodore la supercherie dont elle a été victime. Les deux belles-sœurs en viennent à une explication « franche » qui dégénère en féroce dispute. Brynhildur ne peut survivre. Sigurdhur est assassiné, non pas dans son lit, mais dans la forêt, au sud du Rhin, suivant ici un modèle allemand. Pour se venger, Brynhildur encourage les Niflungar (Nibelungen) à assassiner Sigurdhur, et lorsque son plan a réussi, elle éclate de rire, d'un rire fatidique, effrayant. La nuit venue, sa morgue disparaît toutefois, et elle reconnaît sa faute : c'est à tort qu'elle a accusé Sigurdhur d'avoir rompu ses serments. Tragédie de l'âme humaine, ici du cœur de la femme, capable du meilleur comme du pire ?

SKADHI

Une femme énergique

Lorsque les dieux ont tué Thjazi, le père de la géante Skadhi, celle-ci s'est rendue tout armée à Ásgardhur pour le venger. Quand ils la voient arriver, l'air farouche et écumante de rage, les dieux comprennent tout de suite qu'elle n'est pas d'humeur à plaisanter. Quelque peu effrayés, ils lui proposent une compensation. Elle accepte, mais à deux conditions. Premièrement, qu'elle puisse se choisir un mari parmi eux. Les dieux accèdent à sa demande et lui permettent de choisir l'un d'entre eux comme mari, mais ils stipulent qu'elle doit faire son choix en en voyant seulement les pieds. Elle aperçoit de très beaux pieds, pensant qu'ils appartiennent à Baldur, et elle jette son dévolu sur leur propriétaire. Or, pour comble de malheur, ce sont les pieds de ce vieux barbon de Njördhur.

Deuxièmement, elle exige que les dieux, qui n'ont rien de drôle, parviennent à la faire rire, ce dont elle doute beaucoup. Or, contre toute attente, cette condition est remplie grâce à une pitrerie de Loki, qui attache une ficelle à ses testicules et à la barbe d'une chèvre, laquelle tire à hue et à dia, de sorte que Loki est obligé de courir sans arrêt. À la fin, il est obligé de se jeter dans le giron de Skadhi, qui éclate de rire. Et c'est ainsi que la paix se conclut entre elle et les dieux.

Ódhinn lance les yeux de Thjazi dans le ciel qui, dès lors, se transforme en étoiles. Tout est bien qui finit bien, pourrait-on penser. C'est sans compter sur les caractères très différents des deux époux : Skadhi et Njördhur ne s'accordent pas, car c'est un couple mal assorti. Skadhi veut habiter là où son père avait habité, dans les montagnes, à Thrymheimur (« monde tonitruant »), tandis que Njördhur veut habiter au bord de la mer, à Nóatún (« clos des nefs »). Tous deux se mettent d'accord pour demeurer alternativement neuf nuits à Thrymheimur et neuf nuits à Nóatún. Lorsque Njördhur retourne de la montagne à Nóatún, il se plaint toutefois des hurlements des loups, tandis que Skadhi se dit incommodée par les cris des mouettes. Le couple se sépare.

Skadhi retourne dans la montagne. Elle y fait beaucoup de ski et tire à l'arc pour chasser des animaux. On l'appelle « la dise de la raquette ».

Le nom de Skadhi confirme son caractère nocturne : il signifie « ombre » (et non « dégât », contrairement à certaines traductions), ce qui fait d'elle une déesse des ténèbres et des enfers, une déesse chthonienne de la fécondité. Il reste que Skadhi n'en reste pas moins une déesse nocturne de l'ombre et de l'hiver. Il est très probable que la Scandinavie soit l'île ou le pays de Skadhi. Dans cette partie septentrionale de l'Europe, où l'ombre, l'obscurité et la nuit constituent autant de causes de dégâts divers, Skadhi devient la déesse éponyme de toute la Scandinavie et la correspondante nordique d'Artémis. Montagnarde et fatidique, elle personnifie également le Destin.

*

SNORRI STURLUSON

Un grand Islandais

On a mentionné en avant-propos l'œuvre considérable de Snorri Sturluson dans la transmission de la mythologie nordique, à savoir son *Edda* en prose en quatre parties : d'abord le Prologue, puis la « Fascination de Gylfi »

(*Gylfaginning*, partie essentielle où sont exposés tous les mythes nordiques sous la forme d'un dialogue entre un roi légendaire, Gylfi, et une trinité de personnages qui figurent les dieux dépositaires du savoir ancestral), la « Poétique » (*Skáldskaparmál*) et le « Dénombrement des mètres » (plus de cent, le *Háttatal*).

Snorri Sturluson est né dans une riche famille de l'ouest de l'Islande en 1179. Son père, Sturla Thórdharson, a donné son nom à la grande famille des Sturlungar. L'éducation et l'instruction du jeune Snorri ont été confiées à un homme très puissant de l'île, Jón Loftsson, qui habitait Oddi, grand centre de culture monastique de l'ouest. Snorri possédait donc une immense culture et était tout désigné pour devenir historien. Il rédigea un cycle d'une douzaine de sagas de rois de Norvège (depuis le IXe siècle jusqu'au début du XIIIe siècle), « L'Orbe du monde » (*Heimskringla*).

Il fit de riches mariages en divorçant plusieurs fois et disposait d'une grande fortune personnelle.

Snorri avait la réputation d'être un fabuleux conteur. Il est aussi vraisemblablement l'auteur de la « Saga d'Egill, fils de Grímur le Chauve », qui est à la fois un terrible Viking et un génial poète. Disons qu'Egill représente une fascinante synthèse du cerveau et du muscle.

Il a été plusieurs fois président du parlement, l'Althing, et s'est rendu en Norvège, où le roi Hákon Hákonarson (qui régna de 1217 à 1263) lui demanda avec insistance de rallier l'Islande à la couronne de son pays.

Une fois revenu dans sa patrie, Snorri, en bon Islandais, ne l'entendait pas de cette oreille, et n'en fit rien, au contraire. C'est pourquoi, en 1241, le roi ourdit un complot et le fit assassiner par son propre gendre. L'âge dit « des Sturlungar » (1220-1262) se conclura par la perte de l'indépendance de l'Islande et son incorporation au royaume de Norvège en 1264, puis à celui du Danemark de 1380 jusqu'en 1944.

C'est l'aboutissement regrettable des interminables et incessantes querelles sanglantes qui opposèrent les six grandes familles islandaises, dont celle des Sturlungar.

On considère Snorri comme le plus grand écrivain islandais de tout le Moyen Âge. Pour la mythologie nordique, il est, de très loin, notre principale source littéraire.

SÓL ET MÁNI

« La » soleil et « le » lune !

En islandais ancien (vieux norrois) et moderne ainsi qu'en allemand aujourd'hui, le soleil est du genre féminin : c'est une femme, car il est doux et bienfaisant dans ces pays froids. À l'inverse, la lune, astre froid et nocturne, est de genre masculin. Il est difficile d'imaginer la nuit autrement que froide dans le Nord…

Mundilfæri (« conducteur du temps ») était un homme qui avait deux enfants si beaux qu'il donna à son fils le nom de la lune, Máni (en vieux norrois) et à sa fille le nom du soleil, Sól.

Il maria sa fille à un homme du nom de Glenur (« scintillant »). Les dieux prirent ombrage de ces manifestations d'orgueil et placèrent les deux enfants de Mundilfæri dans le ciel en leur assignant une tâche : conduire les deux chevaux qui tirent le char du soleil.

Le soleil se hâte dans le ciel, car il est poursuivi par un loup, Sköll (« éclats de rire », autre nom de Fenrir), qui finira par le rattraper et l'engloutir. Un autre loup, Hati (« haineux »), précède le soleil et cherche à dévorer la lune, ce qui se réalisera également.

✷

SORBIER

Le salut de Thór

Un jour qu'il voyage, Thór veut passer la rivière Vimur (« méandres »), qui se met brusquement à monter. Or la cause de cette crue soudaine n'est autre que Gjálp (« celle qui écume »), fille du géant Geirrödhur, laquelle est en train d'uriner en amont ! En lançant une pierre au bon endroit, Thór réussit à tarir la source et, grâce à son bâton, arrive sain et sauf chez Geirrödhur. Pour échapper aux flots qui menaçaient de l'emporter, il a été obligé de s'accrocher à une branche de sorbier qui était à sa portée. Voilà pourquoi le sorbier est appelé « le salut de Thór » : *Thórs björg*. D'où, aussi, le joli prénom féminin islandais de Thorbjörg.

✷

SÖRLI ET HAMDHIR

Les malheurs de Gudhrún, suite et fin

Gudhrún se plaint de son sort, tandis que Hamdhir lui reproche d'être restée passive devant le meurtre de Sigurdhr, ainsi que lors de la lâche et cruelle mise à mort de ses enfants. Cela lui apportera la mort. Hamdir ajoute que lui et ses deux frères sont eux aussi voués à une mort prochaine. Néanmoins, il se met en route avec Sörli.

Chemin faisant, ils rencontrent leur demi-frère Erpur, qui leur propose une aide qu'ils refusent. Erpur paie de sa vie ce que les deux autres prennent par erreur pour une parole provocante. Il est tué par ses frères. Sörli et Hamdhir partent seuls en guerre contre Jörmunrekur.

Ils lui coupent les mains et les pieds et regrettent d'avoir tué leur frère Erpur, qui aurait pu à coup sûr trancher la tête de Jörmunrekur. Ce dernier, qui a remarqué que les épées ne mordent pas sur eux, ordonne, inspiré par Ódhinn, de lapider les deux frères, ce qui est fait aussitôt. Ainsi périssent Sörli et Hamdhir. « On ne peut survivre ne serait-ce qu'un soir au jugement des Nornes », constate Hamdhir (« Dits de Hamdhir »).

SURTUR

Un incendiaire qui laisse des traces

Lors des *ragnarök* (« destinées des puissances »), le monde des dieux et des hommes est agressé par les puissances de l'autre monde. Elles affluent de toutes parts. À leur tête, le géant Surtur (« Noir »), qui habite le sud (Múspellsheimur), pays du feu et de la chaleur, conduit les fils de Múspell (le souverain du sud), son épée étincelante à la main. La bataille s'engage furieusement sur le champ Vígrídhur (« endroit où le combat fait rage »).

Surtur ne reviendra pas, mais son nom lui survivra, car une île surgira d'une éruption volcanique sous-marine et recevra le nom de Surtsey (« île de Surtur »). Apparue en 1964 au sud-ouest de la côte islandaise, elle s'enfonce depuis très lentement dans la mer. Pour l'anecdote, notons que le titre islandais de *L'Île Noire*, un des albums de Tintin, est *Svaðilför í Surtsey*, c'est-à-dire : « Voyage périlleux à Surtsey ».

THJAZI ET IDHUNN

À la recherche des pommes de jouvence

Lors d'un banquet à Ásgardhur, Bragi raconte à Ægir le magicien qu'Ódhinn, Loki et Hoenir voulurent un jour faire cuire un bœuf et le manger. Or, le bœuf ne cuisait pas. Un aigle qui se tenait perché au-dessus de la fosse à cuisson leur réclama sa part du bœuf en les assurant qu'une fois cette condition remplie le bœuf cuirait normalement. Mais comme l'aigle se tailla la part du lion, Loki s'en irrita et se mit à le frapper avec une longue perche.

L'aigle s'envola, mais la perche resta collée à son dos, si bien que Loki fut entraîné dans les airs. Loki le supplia de lui faire grâce et n'obtint la vie sauve qu'en jurant de faire sortir Idhunn d'Ásgardhur avec ses pommes de jouvence. Loki attira donc Idhunn en dehors de la demeure des Ases, prétextant avoir trouvé des pommes intéressantes dans une forêt. Alors, le géant Thjazi, sous la forme d'un aigle, s'empara d'Idhunn et la conduisit chez lui à Thrymheimur (« monde du vacarme »). Privés d'Idhunn et de ses pommes, les Ases commencèrent à vieillir. Ils se consultèrent et attribuèrent à Loki la responsabilité de ce malheur. Menacé de mort, celui-ci s'engagea à partir à la recherche d'Idhunn, à condition que Freyja lui prêtât sa forme de faucon. Cette condition remplie, il s'en alla chez Thjazi. Idhunn était seule au foyer, car Thjazi était parti pêcher. Loki la métamorphosa en noix et l'emmena avec lui. Une fois rentré, Thjazi, ne trouvant pas Idhunn, prit sa forme d'aigle et se lança à la poursuite de Loki. Lorsque les Ases aperçurent le faucon tenant la noix et l'aigle qui les poursuivait, ils allumèrent un grand feu dans l'enceinte d'Ásgardhur. L'aigle s'y brûla les ailes et fut contraint de se poser. Ce fut alors qu'il fut tué par les dieux.

Thjazi était le fils d'Ölvaldi (« maître de la bière ») qui a trois fils : Thjazi (« bedaine »), Idhi (« labeur ») et Gangur (« voyageur »). Chacun reçoit comme part d'héritage autant d'or que peut en contenir sa bouche, jusqu'à l'épuisement de l'or de leur père. C'est pourquoi, explique Snorri, on appelle l'or « la bouchée de Thjazi ou d'Idhi ou de Gangur », « la parole ou les mots ou encore les discours des géants » (*Edda* de Snorri, *Skáldskaparmál*, 1).

*

THÓR ET LE GÉANT HYMIR

Une partie de pêche mouvementée

Ægir (géant qui personnifie l'Océan et correspond au grec Okeanos) est chargé par les dieux de brasser la bière qui sera servie lors du prochain festin à Ásgardhur. Or, pour ce faire, Ægir ne dispose pas de chaudron assez grand. Thór et Týr se rendent alors chez le géant Hymir. Thór laisse ses boucs chez un paysan. Chez Hymir, Thór et Týr rencontrent d'abord la mère du géant, qui a neuf cents têtes. Sa femme, toute d'or vêtue, cache ensuite les deux dieux sous les chaudrons afin de préparer Hymir à la présence d'invités.

Au dîner, Thór engloutit, au grand dam du géant, deux des trois taureaux que celui-ci a rapportés. Hymir annonce qu'il va falloir aller à la pêche le lendemain et envoie Thór à la recherche d'un appât approprié. Thór arrache la tête du plus gros des taureaux de Hymir, Himinhrjódhur (« celui qui dévaste le ciel ») et l'emporte pour aller pêcher.

Il rame ensuite jusqu'en haute mer et appâte le serpent de Midhgardhur avec la tête du taureau. Hymir capture deux baleines. Lorsque le serpent de Midhgardhur mord à l'appât, il tire tellement sur la ligne que les pieds de Thór passent à travers le plancher de la barque. Le géant est pris de panique et, lorsque Thór frappe de son marteau le serpent de Midhgardhur (incarnation du Mal, qui se love autour des terres habitées en se mordant la queue, équivalent nordique du Léviathan vétérotestamentaire), les monts craquent, les rocs se fracassent, la terre tremble et le monstre s'enfonce dans la mer. Hymir, dans sa panique, coupe le fil. Sur le chemin du retour, mécontent, il fait porter à Thór les deux baleines et les rames.

Une fois rentré, Hymir met une nouvelle fois Thór à l'épreuve : il possède une coupe que personne ne peut briser. Thór est invité à essayer sa force. En lançant la coupe, il fait voler en éclats une colonne de pierre. La coupe, elle, demeure intacte. Alors la maîtresse de maison, probablement la mère de Týr, conseille à Thór de lancer la coupe sur le crâne de Hymir. Aussitôt dit, aussitôt fait : la tête de Hymir demeure intacte, mais le choc est fatal à la coupe, qui se brise. Les géants ont donc la tête dure !

Hymir déplore cette perte, mais émet des doutes sur la capacité des dieux à emporter le chaudron qu'ils sont venus chercher. Týr ne parvient pas à le déplacer, et c'est donc Thór qui le charge sur sa tête. Ils s'en retournent ainsi. Chemin faisant, Thór regarde par-dessus son épaule et voit sortir des cavernes avec Hymir une armée d'hommes à multiples têtes. Saisissant Mjöllnir, il massacre aussitôt Hymir et tous les géants qui les poursuivaient. L'un des boucs de Thór fait une chute qui est attribuée à Loki. Finalement, le chaudron arrive chez les Ases, et Ægir est en mesure d'y brasser la bière.

THORBJÖRG ET GUDHRÍDHUR

Solidarité féminine

Aux alentours de l'an mille, et même durant tout le Moyen Âge, Gudhrídhur Thorbjarnardóttir est considérée comme la plus grande femme voyageuse de Scandinavie. Elle est allée en Norvège, à Rome et au Groenland, où séjourne le fameux Éric le Rouge, qui a pris possession de cette nouvelle terre.

À ce moment-là sévit au Groenland une terrible famine, et les colons descendants des Vikings en souffrent beaucoup. En ces temps de fin du paganisme, on s'adresse naturellement à la prophétesse païenne Thorbjörg Lítilvölva, dont le surnom signifie « petite voyante », et on lui demande de prédire le terme de la famine qui dure depuis longtemps. Or, pour exécuter son *seidhur* (une pratique magique divinatoire), cette magicienne a besoin de femmes qui chantent les *vardhlokur*, sortes de mélopées incantatoires indispensables à la réussite de la divination. Malheureusement, personne ne les connaît plus !

C'est alors que Gudhrídhur révèle que sa nourrice les lui a apprises quand elle était petite. En tant que chrétienne, elle ne désire pas participer à cette cérémonie païenne, mais elle cède finalement aux instances du chef de clan et de la prophétesse. Elle se met à chanter les incantations d'une manière si belle que personne ne se souvient de les avoir entendues interpréter jadis d'une voix aussi parfaite. Le résultat ne se fait pas attendre : la voyante peut prédire la fin de la famine et dévoiler leur avenir à chacun des habitants. En outre, pleine de gratitude, cette femme païenne récompense Gudhrídhur en lui révélant un avenir prometteur.

Ce qu'il faut retenir de cette coopération entre deux femmes que la religion oppose mais que la culture (au sens de « civilisation ») réunit, c'est la continuité de l'esprit religieux, qu'il soit païen ou chrétien, et l'esprit de solidarité propre à la civilisation nordique ancienne. En diffusant, même en se faisant quelque peu prier, sa connaissance d'un rite magique ancien, Gudhrídhur donne dans le paganisme sans toutefois renier sa foi chrétienne.

En fait, la démarche de Gudhrídhur venant en aide à la voyante païenne afin de pallier le manque de personnes qualifiées pour exécuter le chant sacré indispensable au rituel est logique, parce qu'elle a l'intention de faire ce qui est demandé dans les conditions exigées.

Il existe un lien entre le sacré païen et le sacré chrétien : entre paganisme et christianisme, il n'y a pas de solution de continuité, donc pas de rupture puisque c'est le même esprit religieux qui préside aux actes sacrés, même si dans le paganisme, la religion est fortement tributaire de la magie. En cela, Gudhrídhur ne contrevient nullement à l'esprit de la foi chrétienne. Elle fait ce qu'un païen serait en droit de faire pour un chrétien : c'est l'intention qui compte. Bel exemple de coopération et de solidarité féminine !

ULLUR

Une fière allure

Ullur est un dieu mal connu. Son nom serait en rapport avec le gotique *wulthus* : « gloire, éclat de lumière ». C'est un dieu solaire. Il est le fils de Sif (« parente par alliance »,

« femme ») et donc beau-fils de Thór. Il est habile au tir à l'arc, au patinage et au combat. Sa fière allure, sa noble prestance et son air martial font qu'on l'invoque volontiers en cas de duel. Il est ce qu'on pourrait appeler un « jeune cadre dynamique » ! Sa demeure s'appelle Ýdalir (« vallée des ifs », les arcs étant faits de ce bois). En Suède, de nombreux toponymes théophores sont attestés pour Ullur, ce qui constitue une preuve de sa popularité.

VAFTHRÚDHNIR

Tel est pris qui croyait prendre

En discutant avec son épouse Frigg, Ódhinn a envie de tester le savoir légendaire du géant Vafthrúdhnir, dont le nom signifie « fort à l'embrouille ». Contre l'avis de Frigg, il va se livrer à une joute d'érudition avec ce très savant géant. Fidèle à sa tactique, Ódhinn se cache sous un accoutrement et un pseudonyme, celui de Gagnrádhur (« bon conseiller »). Le géant, peu ravi de voir arriver ce visiteur importun qui ne paye pas de mine, le met au défi de répondre à ses questions.

Gagnrádhur donne à chaque fois la bonne réponse aux questions du géant à propos du jour, de la nuit, de la rivière qui forme la frontière entre le monde des dieux et celui des géants, ou encore du champ de bataille où s'affronteront Surtur et les dieux. Vafthrúdhnir propose ensuite à son visiteur que chacun mette sa tête en gage en cas de défaite.

C'est au tour d'Ódhinn d'interroger son adversaire au sujet de la genèse du monde, de la terre, du soleil et de la lune, du jour et de la nuit, de l'hiver, de l'été, des géants, de Njördhur, des *einherjar* et du sort du monde et des dieux après les *ragnarök*. Le géant fournit à chaque fois la bonne réponse, mais ne peut répondre à la dernière question : qu'a dit Ódhinn à l'oreille de son fils Baldr avant que celui-ci soit brûlé ? Naturellement, seul Ódhinn connaît la réponse et le géant, contraint de s'avouer vaincu, perd la vie.

VALKYRIES

Sur un air connu

Le mot « valkyrie », en allemand *Walküre*, dérive de l'islandais *valkyrja* (de *valur*, « les guerriers morts au combat », et *kyrja*, déverbatif sur *kjósa*, apparenté au terme noble et archaïsant de l'allemand moderne *küren* : « choisir, élire », mot qu'on retrouve dans le nom de la célèbre avenue de Berlin : Kurfürstendamm, soit « chaussée du Prince-Électeur »).

Les valkyries sont les filles d'Ódhinn. Ces vierges montant de fringants palefrois s'élancent sur le champ de bataille dans une sorte de chevauchée fantastique afin de ramener les élus d'Ódhinn à la *valhöll* (« halle des guerriers morts au combat »), la halle d'Ódhinn (ou en allemand, la *Walhall*). Ces guerriers sont appelés les *einherjar* (« guerriers uniques »). Ils sont accueillis par Ódhinn, et les valkyries leur servent la viande du sanglier Sæhrímnir (« suie de mer »), qui se renouvelle chaque jour et que le cuisinier Andhrímnir (« suie du visage ») prépare dans le chaudron Eldhrímnir (« suie du feu »). Ils boivent l'hydromel qui coule des pis de la chèvre Heidhrún, laquelle se tient sur le toit de la *valhöll*.

Ódhinn, lui, ne mange pas et ne boit que du vin. Il passe son temps à regarder les *einherjar* qui s'entraînent à combattre toute la journée. Le soir, les *einherjar* ressuscitent et boivent ensemble (*Dits de Vafthrúdhnir*, 41). La *valhöll* est par conséquent le paradis des guerriers germaniques. Elle compte cinq cent quarante portes qui peuvent chacune laisser passer huit cents guerriers à la fois. Les *einherjar* se préparent à défendre la demeure des dieux contre le loup Fenrir et les puissances de l'autre monde lors des *ragnarök*.

Les valkyries ne font qu'exécuter la volonté d'Ódhinn. Elles entreront plus tard dans la poésie héroïque, quoique en s'humanisant quelque peu. Certaines d'entre elles s'éprendront de simples mortels. C'est le cas de Sigurdrífa (Brünhild, dans la tétralogie de Wagner) dans les *Sigurdrífumál* (*Dits de Sigurdrífa*). Pour la punir de lui avoir désobéi par amour d'un être humain, Ódhinn la pique avec une épine qui la plonge dans un sommeil cataleptique, avant de la placer sur une colline entourée d'une muraille de flammes que seul pourra traverser le héros qui ne connaît pas la peur (Sigurdhur/Siegfried). Ici, nous rejoignons *L'Anneau du Nibelung* (*Der Ring des Nibelungen*) de Richard Wagner dont les parties s'intitulent : *L'Or du Rhin* (*Das Rheingold*), *La Valkyrie* (*Die Walküre*), *Siegfried* (*Siegfried*) et *Le Crépuscule des dieux* (*Die Götterdämmerung*).

VANES

Des dieux frustes et agraires

C'est, par ordre d'importance, la seconde famille de divinités nordiques, celle de la fertilité-fécondité, qui favorise la croissance de la végétation, l'agriculture, la vie des hommes et celle des animaux, la bonne récolte et le bien-être. Les divinités vanes sont réputées très anciennes et premières en Scandinavie, contrairement à l'idée martiale véhiculée si souvent à tort et par de complaisants fantasmes guerriers d'une histoire d'Allemagne heureusement révolue.

Les trois représentants des Vanes sont Freyr, dieu de la fécondité ; sa sœur Freyja, déesse de l'amour, qui forme avec lui un couple de parèdres, c'est-à-dire des divinités associées ; Njördhur, dieu de la navigation.

VÍDHARR ET VÁLI

Des combattants

Vídharr (« celui qui règne sur un grand territoire ») est l'« Ase silencieux ». Il possède un solide brodequin. Il est presque aussi fort que Thór et aide beaucoup les dieux. On le dit fils d'Ódhinn et de la géante Grídhur.

Váli est fils d'Ódhinn et de la géante Rindur. Il vengera Baldur en tuant Hödhur.

VÖLSI

Une curieuse pratique païenne

Le sacrifice aux alfes est offert à Freyr et au *völsi* (« pénis »). En l'occurrence, il s'agit d'un pénis de cheval que l'on fait passer de main en main et sur lequel les femmes et les hommes appellent l'assistance des dieux pour obtenir la fécondité ou la fertilité ; voir à ce sujet le « Dit du Völsi », bref récit inséré dans la *Saga de saint Olaf*.

Malgré la conversion au christianisme à partir de 1015, le roi s'aperçoit que dans une région reculée de Norvège, un culte phallique perdure dans la ferme où il arrive. La famille se compose du père, de la mère, du fils, de la fille et d'une esclave. Or, quelque temps auparavant, le cheval de la ferme était mort et on l'avait préparé pour le manger. Manger de la viande de cheval était un acte religieux pour les païens du Nord, le cheval étant l'animal favori d'Ódhinn, dieu suprême. Cet acte équivalait à communier avec le dieu, à le renforcer (en langue norroise, on disait : « sacrifier le dieu », et non « sacrifier au dieu ») et aussi à entrer en relation avec les esprits des morts.

La famille mange donc avec une grande dévotion, mais pendant le repas, la jeune esclave coupe le pénis du cheval pour le jeter. Le fils de la maison se précipite pour le récupérer et le montre à la jeune fille en lui disant que cet objet ne resterait pas inerte entre ses cuisses. Celle-ci éclate de rire, mais la fille de la maison déclare qu'il faut jeter cet objet « dégoûtant ». C'est alors que la mère intervient pour dire qu'il faut au contraire le garder. Elle l'enveloppe soigneusement dans un linge avec des oignons et des herbes pour le conserver dans un coffret. Ainsi, chaque soir d'automne, elle sort le pénis de cheval, prononce une prière incantatoire et toute la maison prie ainsi dans le but d'obtenir la fécondité des êtres vivants et la fertilité de la terre.

S'étant déguisé avec sa troupe, le roi Olaf ne se fait pas reconnaître, et c'est seulement après que le *völsi* est passé de mains en mains accompagné d'une incantation chantée qu'il jette celui-ci au chien, lequel s'en empare et le dévore au grand scandale de la maîtresse de maison. Alors le roi quitte son déguisement, se fait reconnaître et met ainsi fin à cette pratique assurément pas très… catholique !

VÖLUNDUR LE FORGERON

La vengeance est un plat qui se mange froid

Völundur (en allemand Wieland) est un forgeron merveilleux. Il tombe amoureux d'une vierge-cygne, puis est capturé par le roi Nídhudhur qui le mutile et le paralyse, en conséquence de quoi il se venge cruellement sur les enfants du roi avant de fuir par les airs.

Pour se venger du roi Nídhudhur, qui lui a dérobé son or, lui a fait trancher les tendons des genoux et l'a réduit en esclavage, Völundur attire les fils du roi dans un piège, leur tranche la tête et envoie leurs crânes sertis d'or à leur père. Cet horrible épisode rappelle évidemment la vengeance de Gudhrún à l'encontre de son époux Atli, dont le modèle est le festin d'Atrée dans la mythologie grecque. Völundur fait venir la fille du roi auprès de lui, l'endort grâce à ses pouvoirs magiques, la met enceinte en abusant d'elle et s'enfuit grâce aux ailes qu'il s'est fabriquées.

On voit aisément le parallèle avec la légende grecque d'Amor et Psyché ainsi qu'avec celle de Dédale (*Völundarhús*, « maison de Völundur », en islandais, signifie « labyrinthe »).

VÖLUSPÁ

Prophétie de la Voyante

Par la bouche d'une sibylle nordique interrogée par le dieu suprême, Ódhinn, l'auteur anonyme de ce fameux poème de l'*Edda* récapitule l'histoire du monde et prédit son avenir. La Voyante jette un regard sur les commencements de la création et sur l'âge d'or, puis raconte comment le malheur a fait irruption dans le monde : les dieux n'ont pas respecté leurs serments, et la guerre entre les Ases et les Vanes, les deux familles de dieux, a détruit la paix. Très rapidement, le monde court à sa perte. Le tournant décisif est l'assassinat de l'innocent Baldur, dieu bon et lumineux.

Le regard de la Voyante se tourne désormais vers l'avenir : elle voit de tous côtés les puissances menaçantes du monde démonique se préparer à attaquer le monde des dieux et des hommes. Ces forces du mal sont les géants, les monstres et les morts du domaine de Hel. Cette dernière, la déesse mi-bleue mi-noire règne sous la terre et reçoit tous les morts qui n'ont péri ni au combat ni en mer.

Des signes terrifiants laissent présager les *ragnarök*, c'est-à-dire la fin du monde. Brusquement, la catastrophe s'abat sur le cosmos : dieux et monstres s'affrontent dans une lutte sans merci. Ódhinn, Freyr et Thór succombent tour à tour. Les astres tombent du ciel, la terre s'enfonce dans la mer. Le monde et toute sa magnificence s'évanouissent dans le chaos des éléments primitifs déchaînés et dans l'incendie cosmique allumé par le géant Surtur (dont le nom est formé sur l'islandais *svartur* : « noir »).

Mais le regard de la Voyante se porte plus loin : elle aperçoit un avenir nouveau qui restaurera le bonheur perdu. Resplendissante, la terre, qui a reverdi, émerge des flots, et une nouvelle race de dieux s'amuse comme au temps primitif de l'âge d'or. Baldur revient ! Le monde ancien s'en est allé, une terre nouvelle est née.

✳

YGGDRASILL

L'Arbre du Monde

C'est l'arbre cosmique qui soutient tous les mondes, les demeures des dieux et des hommes. Le centre de l'édifice mythologique est l'Arbre du Monde, le frêne Yggdrasill, dont les racines s'étendent au-delà du monde habité. Il est source de toute vie et de toute connaissance. Ódhinn y demeure suspendu neuf nuits, et le puits de Mímir le sage se trouve à son pied. Il englobe même le domaine de Hel (qui n'est pas l'enfer chrétien, mais simplement le séjour de ceux qui ne meurent ni au combat ni en mer) et symbolise le destin. La grandeur de l'homme consiste à reconnaître la part de sacré que les puissances surnaturelles ont déposée en lui, de connaître son destin, de l'accepter et, surtout, de l'assumer activement. La vie est sacrée, du début à la fin, et a pour but de glorifier ces puissances.

Lorsque les dieux tuent Hymir et créent le monde à partir de sa dépouille mortelle, les poils de cette dernière deviennent les arbres.

GÉNÉALOGIES DES DIEUX NORDIQUES

Parentèle des principaux (dieux) Ases

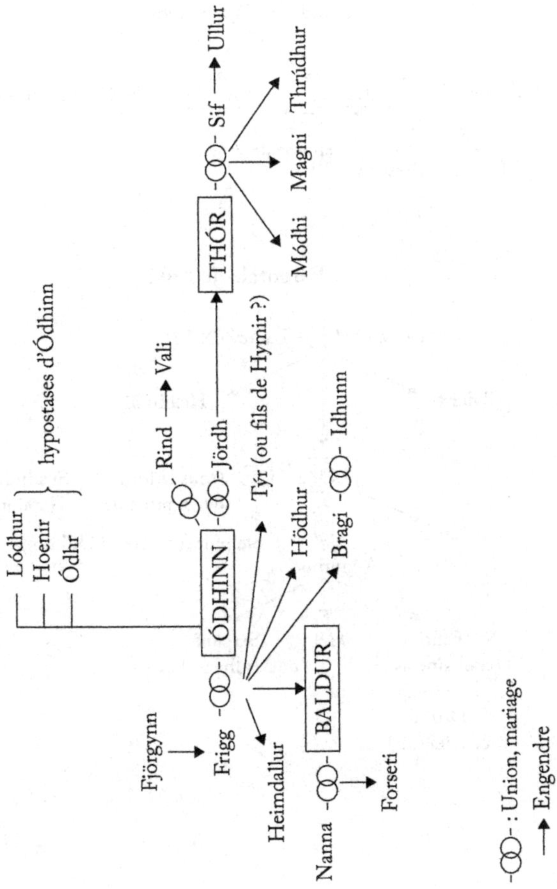

Parentèle des (dieux) Vanes

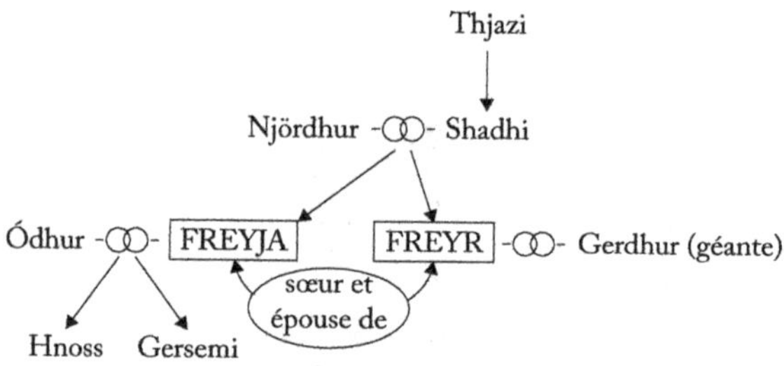

Parentèle de Loki

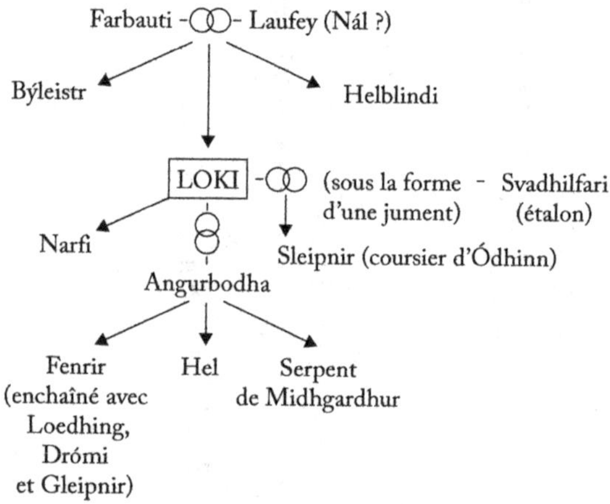

BIBLIOGRAPHIE

Bauduin P., *Les Vikings*, Paris, Puf, « Que sais-je ? », 2004.

Boyer R., *Yggdrasill. La Religion des anciens Scandinaves*, Paris, Payot, 1992.

–, *L'Edda poétique*, Paris, Fayard, 1992.

–, *Les Valkyries*, Paris, Les Belles Lettres, 2014.

–, *Essai sur le héros germanique*, Paris, L'Harmattan, 2014.

–, *Héros et dieux du Nord. Guide iconographique*, Paris, Flammarion, 1997.

–, *Le Monde du double. La magie chez les anciens Scandinaves*, Paris, Berg International, 2014.

–, *Contes populaires d'Islande*, Reykjavík, Éditions Forlagid, 2009.

–, *Le Livre de la colonisation de l'Islande*, Turnhout, Brepols, 2000.

Buschinger D., Pastré J.-M., *La Chanson des Nibelungen. La Plainte*, Paris, Gallimard, 2001.

Cahen M., *Étude sur le vocabulaire religieux du vieux scandinave. La libation*, Paris, Champion, 1921.

Colleville M., Tonnelat E., *La Chanson des Nibelungen*, Paris, 1944.

Dillmann F.-X., *L'Edda. Récits de mythologie nordique par Snorri Sturluson*, Paris, Gallimard, 1991.

Dumézil G., *Les Dieux des Germains*, Paris, Puf, 1959.

Ettighoffer P., *Le Soleil et la Lune dans le paganisme scandinave du mésolithique à l'âge du bronze récent (de 8 000 à 500 av. J.-C.)*, Paris, L'Harmattan, 2012.

Guelpa P., *Dieux et mythes nordiques*, Villeneuve-d'Ascq, Presses universitaires du Septentrion, 2009.

–, *La Völuspá. Essai sur l'ancienne poésie islandaise*, Paris, L'Harmattan, 2009.

–, « Le couple Njördr-Skadi dans la mythologie nordique », *Europe. Mythe et mythologie du Nord ancien*, n° 928-929, août-septembre 2006, p. 84-109.

–, *Dictionnaire de la mythologie germano-scandinave*, t. I de A à M et t. II de N à Z, Paris, Éditions du Porte-Glaive, 1996 (trad. de R. Simek, *Lexikon der germanischen Mythologie*, Stuttgart, Kröner Verlag, 1984).

–, *La Saga de Björn, champion des gens de Hítardalr*, Rouen, L'Écho des vagues, 2010.

Marez A., *Anthologie runique*, Paris, Les Belles Lettres, 2007.

Merlin C., *Wagner. Mode d'emploi*, Paris, L'Avant-Scène Opéra, Éditions Premières Loges, 2002, p. 106-129.

Musset L., *Introduction à la runologie*, Paris, Aubier-Montaigne, 1965.

Nagy G., *Greek Mythology and Poetics*, New York, Cornwell University Press, 1990.

Renaud J., *Les Dieux des Vikings*, Rennes, Ouest-France, 1996.
Samson V., *Les Berserkir. Les guerriers-fauves dans la Scandinavie ancienne, de l'âge de Vendel aux Vikings (VIe-XIe siècles)*, Villeneuve-d'Ascq, Presses universitaires du Septentrion, 2011.
Sergent B., *Les Indo-Européens. Histoire, langues, mythes*, Paris, Payot, 2005.

TABLE DES MATIÈRES

Composition et mise en pages
Nord Compo à Villeneuve-d'Ascq

Imprimé en France
par la Nouvelle Imprimerie Laballery
rue Louis Blériot 58500 Clamecy
décembre 2020 - N° 012456

La Nouvelle Imprimerie Laballery est titulaire de la marque Imprim'Vert®